성서 종교와 궁극적 실재 탐구

종교와 철학의 관계

폴 틸리히 지음 · 남성민 옮김

Biblical Religion and
the Search for Ultimate Reality

성서 종교와 궁극적 실재 탐구

종교와 철학의 관계

폴 틸리히 지음 · 남성민 옮김

비아

| 차례 |

VIII. 성서 종교의 객관적인 측면에 포함되어 있는 존재론적 문제들

해설: 폴 틸리히의 생애와 사상

폴 틸리히 저서 목록

일러두기

· * 표시는 독자의 이해를 돕기 위해 옮긴이와 편집자가 단 주석입니다.

· 단행본 서적의 경우 『 』표기를, 논문이나 글의 경우 「 」, 음악 작품이나
미술 작품의 경우 《 》표기를 사용했습니다.

들어가며

이 책은 1951년 가을 버지니아 대학교에서 했던 '제임스 W. 리처드 강연'James W. Richard Lectures*의 내용을 조금 확장한 것입니다. 이 책의 주제는 조직신학에서 매우 중요한 문제이며 제 신학 사유에서도 중요합니다. 신학 작업을 할 때 저는 종종 철학 언어를 쓰면서 이를 성서의 구체적인 형상 언

---

* 제임스 W. 리처드 강연은 페이지-바버 강연Page-Barbour lectures과 더불어 버지니아 대학교의 대표적인 인문학 정기강연으로 종교와 역사 분야에 저명한 학자들을 초빙하고 있다. 폴 틸리히를 포함해 에티엔 질송 Etienne Gilson(1937), 폴 리쾨르Paul Ricoeur(1970), 윌프레드 캔트웰 스미스 Wilfred Cantwell Smith(1974), 장 뤽 마리옹Jean-Luc Marion(2008), 장 이브 라코스테John Yves-Lacoste(2010), 피터 브라운Peter Brown(2012), 새라 코클리Sarah Coakley(2016) 등이 강연을 했다.

어와 비판적으로 대조하곤 했습니다. 이 책에서 저는 이 대조를 철저하게 밀어붙였습니다. 그러나 저를 비판하는 이들이 내린 결론, 즉 신학은 철학 용어 사용을 자제해야 한다는 결론에 도달하지 않았습니다. 그런 일은 가능하지 않을뿐더러 바람직하지도 않고, 신학의 자기기만과 낙후를 낳는다고 저는 확신합니다. 오히려 저는 성서의 상징들이 불가피하게 존재론적 물음을 유발하며, 신학이 제시하는 대답은 필연적으로 존재론의 요소를 포함하고 있음을 보여주고자 했습니다. 물론 이 대답을 발전시키는 일은 이 강연에서 할 수 있는 범위를 넘어섭니다. 완전한 응답은 오직 온전한 신학 조직theological system을 제시함으로써만 이루어질 수 있을 것입니다.* 책의 후반부가 간략한 이유는 바로 이 때문입니다.

버지니아 대학교, 그리고 강의할 수 있도록 초청해 준 리처드 강연 재단, 또 책을 출판해준 시카고 대학교 출판부에

---

*   틸리히는 1951년 『조직신학』Systematic Theology 1권을, 1955년 『성서 종교와 궁극적 실재 탐구』를, 그리고 1957년 『조직신학』 2권을 출판했다. 그는 2권 서론에서 『성서 종교와 궁극적 실재 탐구』의 저술 목적이 성서의 인격주의를 주장하며 존재 개념 사용에 반대하는 이들에게 대응하기 위함이었다고 말한다. 그리고 『조직신학』 1권 서론 말미에서 틸리히는 '계시와 이성', '존재와 하느님', '실존과 그리스도', '생명과 영', '역사와 하느님의 나라'라는 자신의 전체 '신학 조직'theological system을 밝히고 있다.

감사를 표하고 싶습니다. 또 (과거에도 몇 차례 그랬듯) 초고를 개정하는 데 커다란 도움을 준 친구이자 동료인 존 딜렌버거 John Dillenberger**에게 감사를 표하고 싶습니다. 이 책을 그에게 바칩니다.

뉴욕

1955년 6월

** 존 딜렌버거(1918~2008)는 미국의 개신교 신학자다. 앰허스트 칼리지, 유니온 신학교를 거쳐 컬럼비아 대학교에서 박사 학위를 받았다. 이후 프린스턴 대학교, 하버드 신학대학원, 드류 대학교 등을 거쳐 1963년부터 은퇴할 때까지 버클리 연합 신학대학원에서 역사 신학 교수를 지냈다. 장 칼뱅Jean Calvin과 마르틴 루터의 선집을 편집하는 등 개신교 사상의 역사가 주요 연구 분야였지만 문화 신학 분야에도 관심을 가져 예술, 종교와 교육 센터를 창립하고 문화 신학과 관련된 여러 저작을 남겼다. 주요 저작으로 『프로테스탄트 사상과 자연과학』Protestant Thought and Natural Science, 『신앙의 윤곽』Contours of Faith 등이 있으며 클로드 웰취Claude Welch와 함께 쓴 『프로테스탄트 교회의 역사와 신학』Protestant Christianity(한신대학교출판부)가 한국어로 소개된 바 있다.

기본 개념들

1. '성서 종교'의 의미

'성서 종교와 궁극적 실재 탐구'라는 제목을 듣고서 여러 분은 의심을 품고 많은 질문을 던질지 모르겠습니다. 성서 종교와 존재론ontology이 긴장을 이루고 있음에도 불구하고 둘은 궁극적으로 일치를 이루며 깊은 차원에서 서로 의존한 다고 말하면 더 그렇겠지요. 제가 이렇게 말하면 어떤 분들 은 반문할 것입니다. '성서 종교의 본질은 철학과 대립하지 않습니까? 성서 종교는 신적 계시의 힘을 증언함으로써 인 간의 사유라는 성채를 무너뜨리지 않습니까? 지난 수십 년 간 일어난 신학적 사건 중 가장 위대한 일은 그리스도교와 인본주의의 종합에 맞선 칼 바르트Karl Barth의 예언자적 항거가 아닌가요? 그리고 그는 한 세기 전 키에르케고어Søren Kierkegaard가 발견한 그리스도교와 철학의 철저한 분리를 우리 시대에 맞게 재해석하지 않았습니까?* 철학과 성서 종교를 연관시키고자 하는 시도가 복음의 발전과 적용에 도움을 줄 수 있다는 확신은 20세기로 넘어가던 시대의 신학 상황으로 회귀하려는 것 아닙니까?* 이 강의에서 관심을 기울이는 질문 중에는 이런 물음들이 포함되어 있습니다.

"성서 종교"라는 용어는 몇 가지 문제를 생각하게 보게 합니다.** 성서를 하느님이 자신을 최종적으로 드러낸 문서로

---

* 키에르케고어는 소크라테스를 전형으로 삼는 자연종교와 예수 그리스도의 초자연적 종교를 구별했다. 그에 따르면 하느님은 절대적으로 알려지지 않는 자, 우리와 질적으로 다른 자, 인간의 한계다.

** 데이비드 흄David Hume(1771~1776) 사후에 출판된 그의 저작『자연종교에 관한 대화』Dialogues Concerning Natural Religion(1779)에서 볼 수 있듯이, 계몽주의 시대를 거치면서 사람들은 종교를 이성과 같은 인간의 본성(자연)에 근거한 것으로 이해했고 이를 '자연종교'라 불렀다. 이와 달리 인간의 본성이 아닌 초자연적인 계시에 근거한 종교는 '계시종교'라 불렀으며 그리스도교는 계시종교로 이해되었다. 이러한 구분에 근거하여 칼 바르트는 말한다. "자연신학이란 긍정적이든 부정적이든 신성한 계시를 이해하기 위해 신학적이라고 일컫는 모든 체계적 진술이다. 그러나 그 주제가 예수 그리스도 안의 계시와는 근본적으로 달라서 그 방법 역시 성서의 계시와는 다르다." 칼 바르트, '아니오!', 『자연신학』(한국장로교출판사, 2001), 85. 이렇게 바르트는 자연종교, 자연신학과 대비되는 계시종교, 계시신학을 제시한다. 이와 달리

여긴다면, 성서 종교란 과연 어떤 뜻을 지니고 있을까요? 종교religion는 인간 정신의 한 가지 기능입니다. 최근 영향력 있는 신학자들에 따르면 종교는 하느님에게 도달하려 하는 인간의 헛된 시도입니다. 그들에게 종교는 인간이 하느님을 향해 나아가는 것인 반면, 계시revelation는 하느님이 인간을 향해 다가오는 것입니다. 그리고 계시의 첫 번째 활동은 바로 인간의 종교적 열망을 깨뜨리는 것입니다.*** 이러한 영향 아래 많은 신학생은 하느님의 계시를 철학뿐만 아니라 종교와도 대립시키곤 합니다. 특히 유럽 대륙이 그러한 경향이 강하지요. 이들이 보기에 종교와 철학은 모두 정죄해야 마땅합니다. 둘은 모두 하느님처럼 되려 하는 인간의 시도이기 때문입니다. 여기서 종교와 철학은 모두 인간이 자신의 피조

틸리히는 계시가 드러나는 '성서'와 인간의 본성에 기반을 둔 '종교'를 결합하여 '성서 종교'라는 조어를 만들어 자신의 논의를 전개하고 있다.

*** 칼 바르트는 초기 작품인 『로마서』Der Römerbrief에서 로마서 7장을 강해하면서 '은총'과 '종교'를 대비한다. '은총'은 "인간에 대한 하느님의 관계"로 이 관계는 "예수 그리스도 안에서 의롭다 인정을 받은 사람, 구원받은 사람, 선하고 살아있는 사람, 새 세상의 사람이 ... 나의 현존재의 문을 두드리는" 계시적 관계다. 이에 반해 종교(적 가능성)는 "인간의 가능성이며 그 자체로 제한된 가능성으로서, 인간에게 은총을 베푸시는 하느님의 자유가 ... (인간의 종교적 가능성과 대립적으로) 마주" 서 있다. 칼 바르트, 『로마서』(복 있는 사람, 2017), 511~512 참조.

성과 유한성을 넘어서고자 하는 마성적 고양demonic elevation입니다.* 둘 중에서 더 위험한 것은 종교입니다. 철학은 적어도 원칙상으로는 논리학과 인식론이라는 기술적인 문제만 다룰 수 있기 때문이지요. 이러한 생각이 참이라면 철학과 성서 종교를 마주 세우는 일은 불가능합니다. 성서 종교라는 말은 그 자체로 어불성설이기 때문이지요. 이 생각을 지지하는 이들은 철학은 무해한 논리적 탐구거나 마성적인 교만hubris에 바탕을 둔 인간의 활동이기에 제대로 된 비교를 하기 위해서는 '성서적'이라는 형용사에 '종교'가 아닌 '계시'라는 명사를 붙여야 한다고 주장할 것입니다.

우리는 이 주장을 진지하게 생각해 보아야 합니다. 제가 '종교'라는 단어를 자주 쓴다는 이유만으로 독일 독자들에게 강한 비판을 받았다는 이야기를 미국인들이 알면 놀랄 것입니다. 저를 비판한 이들은 저의 일반적인 관점에 대해서는 공감하면서도 현대 신학자로서 어떻게 '종교'라는 단어를 긍정적인 의미로 쓸 수 있는지 이해하지 못했습니다. 그들에게 우리가 '종교'라고 부르는 것은 대부분 악마의 작품입니다.

---

* '마성적'이라는 말은 틸리히 신학의 핵심 표현 중 하나다. 유한하고 일시적인 것이 격상되어 무한하고 영원한 것이 되는 일을 그는 '마성적'demonic, '마성화'demonization라고 말한다. 폴 틸리히, 『폴 틸리히 조직신학 1』(새물결플러스, 2021), 21 참조.

그렇기에 '성서 종교'라는 말은 그 자체로 성서가 계시의 산물이라는 점을 부정하고 성서를 인간의 산물, 좀 더 심하게 말하면 마성적 창조물로 간주하는 것처럼 들리겠지요.

하지만 이렇게 생각하는 이들조차 종교를 갖고 있습니다. 그들은 인간이 계시를 '받아들여야' 한다는 사실, 계시의 수용적인 측면을 가리키는 이름이 '종교'라는 사실을 잊고 있습니다. 그들은 계시가 구체적 상황에 있는 인간, 인간 정신의 특별한 수용 능력, 인간 사회의 특별한 조건, 특별한 역사적 시대를 향해 말할수록 더 분명하게 드러남을 잊고 있습니다. 계시는 그 주장이 아무리 보편적universal이라고 하더라도 결코 일반적general일 수는 없습니다.** 계시는 언제나 특정 환경과 독특한 상황들 아래 있는 특정 인물, 특정 집단을 향합니다. 그러므로 계시를 받은 인간은 자신이 속한 사회적, 영적 조건 아래서 자신의 개체성individuality을 발휘해 계시를 증언합니다. 즉, 계시를 받은 인간은 자신의 종교 언어로 계시를 증언합니다. 바로 이러한 측면에서 '성서 종교'라는 개념은 가능하며 의미가 있습니다. 구약과 신약의 모든 구절은

  ** '보편'universal은 '개별'particular과 짝을 이루는 개념으로, '보편'은 모든 '개별'을 포괄한다. 이에 반해 '일반'general은 어떤 부류의 것에 공통적인 것을 일컫는 개념이다.

계시인 동시에 종교입니다. 성서는 하느님이 자신을 드러낸 것에 관한 문서임과 동시에 인간이 이를 받아들이는 방식에 관한 문서입니다. 어떤 말과 문장은 계시에 속하고 어떤 말과 문장은 종교에 속하는 것이 아닙니다. 성서의 모든 말과 문장에 계시와 계시의 수용은 분리할 수 없을 정도로 결합해 있습니다. 그렇기에 하느님의 계시를 전하는 이는 동시에 자신의 종교를 전하게 되는 것이지요. 근본주의fundamentalism의 기본적인 오류는 계시가 일어나는 상황에서 수용적 측면이 기여하는 부분을 간과하고, 신적인 것을 받아들이는 개체적이고 제한적인 특정 형식을 신적인 것과 동일시한다는 데 있습니다. 이러한 형식은 단일하지 않습니다. 우리는 성서에서 제사장 문서와 예언자 문서 사이에, 네 편의 복음서에서 초기 전승과 후기 전승 사이에 차이가 있음을 발견할 수 있습니다. 그리고 교회사의 고전들과 교파들의 성서 해석에도 차이가 있음을 알고 있지요. 이렇게 서로 다른 방식들은 성서 전승과 교회 전통이 가진 종교적 측면의 특징입니다. 각각의 방식은 계시를 담는 그릇입니다.

계시는 계시를 받아들이는 상황과 분리될 수 없습니다. 이 상황을 무시하는 이는 계시의 수용적 측면을 부정하는 것이며, 계시를 수용하는 형식과 희석되지 않고 변하지 않는 계시를 혼동하는 것입니다. 순수한 계시는 없습니다. 신적인 것이 나타날 때마다 그것은 '육체'를 통해, 즉 성서 기자들이 자신의 종교적 상황 가운데 계시를 받아들였듯 구체적이고 물질적이며 역사적인 현실을 통해 나타납니다. 이것이 성서 종교의 뜻입니다. 성서 종교는 그 자체로 매우 변증법적인 개념입니다.

2. 철학의 의미

성서의 이러한 특징으로 인해 성서 종교와 철학의 만남은 가능한 일이 되는 동시에 필연적인 일이 됩니다. 철학이 단지 논리적인 분석이거나 인식론 연구이기만 하다면, 성서 종교와 철학의 만남은 불가능할 것입니다. 철학적 사유를 위해 이러한 도구들을 발전시키는 일이 아무리 중요할지라도 말이지요. 그러나 철학, "지혜에 대한 사랑"은 이보다 더 큰 의미가 있습니다. 철학은 존재에 관한 물음을 던지고 이를 알기 위해 노력하는 활동입니다. 이는 철학에 대한 가장 오래된 정의인 동시에 가장 새로운 정의며, 지금까지 유효했고 앞으로도 유효한 정의라고 저는 생각합니다. 이 정의를 따라 아리스토텔레스Aristotle는 그리스 철학의 발전을 정리했고 르네상스까지 이어지는 시대를 예측했으며 동일한 질문을 던지는 현대적 방식을 준비했습니다. 존재에 관한 물음은 어떤 특수한 존재자에 관련된 물음, 그 존재자의 실존과 본성에 대한 물음이 아니라, '존재함'to be의 의미에 관한 물음입니다. '무언가 존재한다'는 말이 무엇을 의미하는지를 묻는 이 물음은 가장 단순하면서도 가장 심오하고, 절대로 종결되지 않는 물음입니다. '존재한다'라는 말에는 모든 수수께끼 중 최고의 수수께끼, 즉 무언가 존재한다는 신비가 드리워져 있습니다. 모든 철학은 드러내놓고 하든 그렇지 않든 존재 물음을 던지며 이 신비의 주위를 돌고 있습니다. 그리고 모든 철학은 인정받든 못하든, 저 물음에 대한 부분적인 대답을 제시합니다. 일반적으로는 저 물음에 완전한 답을 제시하지 못해 당혹스러워하지요. 철학은 언제나 그리스 사람들이 아포리아ἀπορία('길을 잃음')라고 부른 상태, 즉 존재의 본성을 온전히 알지 못해 당혹스러워하는 상태에 있습니다. 저는 이를 탐구하기 위해 '말'(로고스λόγος)과 '존재'(온ὤν)에서 유래한 '존재론'ontology이라는 단어를 쓰고자 합니다. 이 말은 존재라는 말, 존재를 파악하는 말이며, 감추어진 존재를 앎이라는 빛 가운데로 끌어내는 말입니다. 존재론은 모든 철학의 중심입니다. 아리스토텔레스가 말했듯 존재론은 '제1 철학'first philosophy입니다. 불행히도 존재론은 아리스토텔레스의 저작 모음집에서 자연학을 다룬 책들 뒤에 위치하게 되면서 '형이상학'metaphysics이라는 이름으로 불리게 되었습니다.* 이 말은 그리 좋은 표현이 아닙니다. 이 말은 존재론이 경험을 넘어서는 실재, 세계 배후에 있는 세계, 오직 사변과 상상에만 존재하는 것들을 다룬다는 오해를 불러일으킵니다. 신학의 모든 영역(역사신학, 실천신학, 조직신학)에서 어떤 신학자들은 자신들이 "형이상학적 사변"metaphysical speculation이라고 부르는 것과 철학을 동일시함으로써 철학과 성서 종교의 연결을 끊으려 했습니다. 그렇게 정의함으로써 그들은 철학을 과거의 지적이고 도덕적인 오류 더미로 치부했지요. 저는 철학이라는 말을 그런 식으로 사용하는 모든 이에게 반대합니다. 먼저 그들이 말하는 형이상학과 사변의 의미를 살펴보고 이를 아낙시만드로스Anaximandros부터 화이트헤드Alfred North Whitehead에 이르는 고전적인 철학자들이 말한 형이상학과 사

---

* 기원전 1세기경 안드로니쿠스Andronicus는 아리스토텔레스의 저작을 체계적으로 분류했는데, 8권으로 된 『자연학』Physica ausculatio 뒤에 존재 자체, 존재의 특성과 존재의 원인 등을 다룬 14권의 책을 배치했고, 여기에 『형이상학』Metaphysica이라는 이름을 붙였다. 이러한 도서 배치는 앎의 순서가 자연에 관한 앎 이후에 존재에 관한 앎으로 나아가게 됨을 의미한다. 하지만 형이상학의 대상은 제일 처음의 것이기 때문에 형이상학은 '제1 철학'이라고도 불린다. 요하네스 힐쉬베르거, 『서양철학사 상』(이문출판사, 1991), 205 참조.

변의 의미를 비교해보도록 하겠습니다.

"사변"speculation이라는 단어의 뿌리인 '스페쿨라리'speculari 는 무언가를 바라본다는 뜻입니다. 이는 가상 세계를 만들 어내는 것과는 아무런 상관이 없습니다. 그리고 "사변"이 가 상 세계를 만들어낸다는 뜻이라면 철학자들도 신학자들을 향해 '사변적'이라고 비난할 수 있습니다. 또한, 성서 신학자 들은 구약과 신약 기자들의 개념을 설명할 때 철학자들이 공 들여 만든, '사변적 사고'를 통해 만든 많은 개념을 활용하면 서도 자신들의 언어를 풍요롭게 해준 그 작업을 값싼 비난과 함께 무시합니다. 철학자들이 이를 알게 된다면 대단히 분노 할 것입니다. 누군가 아무리 모범적인 그리스도교인이자 탁 월한 학자라 할지라도 그가 철학을 진지하게 여기지 않는 저 작을 썼다면 그 작품은 진지한 신학 저작이 아닙니다.

"형이상학적 사변"과 같은 말이 지닌 주술성black magic을 피하고자 저는 지혜(그리스어로는 '소피아'σοφία, 라틴어로는 '사피 엔티아'sapientia)를 갈망하는 이들의 기본적인 작업을 존재론 이라 부르겠습니다. 좀 더 분명하게 말하면, 존재론적 분석 ontological analysis이라고 할 수 있겠지요. 존재론적 분석은 우 리가 만물이 머금고 있는 존재의 원리, 구조, 본성을 발견하 기 위해 이들을 있는 그대로 바라보는 것을 뜻합니다. 이러한 존재론적 분석을 기초로 삼아 철학은 존재의 여러 영역, 자연과 인간, 역사와 가치, 지식과 종교에서 나타나는 존재의 현존과 그 구조를 드러내려 합니다. 철학은 각각의 사례를 다루지 않습니다. 철학은 존재를 구축하는 원리를 다룹니다. 그 원리는 무언가 존재의 힘에, 비존재에 저항하는 힘에 참여할 때 언제나 현존합니다.

이러한 의미에서 철학은 취향의 문제가 아닙니다. 철학은 인간을 인간답게 만드는 활동입니다. 인간은 존재 물음을 던지는 존재입니다. 모든 인간이 나름의 도덕을 갖고 있고 정치 활동을 하며 예술을 하고 학문을 닦으며 종교를 갖듯 모든 인간은 철학을 합니다. 이를 수행함에 있어 인간마다 수준, 교육 정도, 창조성에는 커다란 차이가 있지만, 수행의 성격에는 차이가 없습니다. 아이들이 "이건 왜 그래요? 저건 왜 안 그래요?"라고 쉼 없이 물을 때, 칸트Immanuel Kant가 우주론적 논증을 비판하며 "왜 나는 존재하는가?"라고 스스로 묻는 신을 웅장하게 서술할 때,* 둘의 형태는 다르나 내용은

---

* 임마누엘 칸트는 『순수이성비판』Kritik der reinen Vernunft 제2부 초월적 변증학에서 영혼, 세계, 신 이념의 정립을 비판하는데, 신에 관한 우주론적 논증을 비판하는 부분에서 다음과 같이 말한다. "우리가 모든 가능한 것 가운데서도 최고의 것이라고 표상하는 존재자도 이를테면 자기 자신에게 말한다. 나는 영원부터 영원까지 있으며, 나의 밖에는 순

근본적으로 같습니다. 둘 모두 존재를 묻고 있는 것이지요. 인간은 본성상 철학자입니다. 인간은 불가피하게 존재 물음을 던지기 때문입니다. 신화나 서사시, 연극이나 시, 어떤 언어 구조나 단어로든 인간은 존재 물음을 던집니다.

철학의 고유한 과제는 이 물음을 의식하게 만들고, 체계적으로 이에 대한 대답을 설명하는 것입니다. 존재 물음을 던지고 대답하는 철학 이전의 방식들은 철학의 방식을 예비했습니다. 철학이라는 학문이 등장했을 때, 이미 철학은 오랜 역사를 갖고 있었습니다. 호메로스Homeros의 서사시, 디오니소스 축제, 솔론Solon의 법, 무엇보다도 그리스어라는 언어가 있었지요. 이것들이 없었다면 오늘날 서양 철학은 결코 나올 수 없었을 것입니다. 언어, 예술, 제의 등과 같은 한 문화의 사회생활에 참여하는 모든 이는 그 문화에 기반한 철학을 창조하는 일에 협력합니다. 이러한 면에서 그들은 철학 이전의 철학자입니다. 물론 대다수 사람은 학문으로서의 철학이 등장한 이후에도 이러한 상황 가운데 있습니다. 그러나 철학이 등장한 이후 한 가지가 변했습니다. 철학 이전의 철

전히 나의 의지에 의한 것 외에는 아무것도 없다. 그러나 나는 도대체 어디서 온 것인가? 사람들은 이런 생각이 나는 것을 막을 수도 없고, 그렇다고 그것을 건너뛸 수도 없다. 여기서 모든 것은 우리 아래로 가라앉는다." 임마누엘 칸트, 『순수이성비판 2』(아카넷, 2014), 787~788.

학이 학문으로서의 철학을 규정하듯 철학 또한 철학 이전의 철학을 규정하게 된 것이지요. 철학 이전의 철학 형태인 문학과 일상 언어 역시 그전에 이루어진 철학 언어로 규정됩니다. 철학을 반대하는 사람들도 이 상황을 피할 수 없습니다. 심지어 철학을 경멸하는 이들조차 철학의 협력자일 뿐만 아니라 철학의 학생입니다. 이러한 철학과 철학 이전 것들의 상호의존은 성서와 다른 종교, 신학 문헌에도 마찬가지로 적용됩니다. 설령 그 문헌들이 철학에 반대하는 강한 편견 아래 기록되었다 할지라도 말이지요. "계시를 통해 모든 진리를 갖고 있는데, 왜 우리에게 철학이 필요합니까?"라고 제게 질문하는 근본주의 목회자들은 "진리"와 "계시"라는 말을 쓰면서도 그 말들을 규정한 것은 철학이라는 사실을 알지 못합니다. 우리는 철학을 피할 수 없습니다. 우리가 철학을 피하기 위해 택하는 길조차 철학이 개척하고 준비한 길입니다.

II

인간 실존 그리고 존재 물음

1. 인간 그리고 존재 물음

인간은 물음을 물을 수 있는 존재라고 말할 수 있습니다.
이 말의 의미에 대해 잠시 생각해 보지요. 이 말은 우리가 물
음의 대상을 완전히 소유하고 있지는 않음을 뜻합니다. 그
대상을 완전히 소유하고 있다면, 우리는 이를 요구하지 않을
것입니다. 그러나 무언가를 요구하기 위해서는 우리는 이를
불완전하게나마 소유하고 있어야만 합니다. 우리가 무언가
를 전혀 소유하고 있지 않다면 이는 물음의 대상조차 될 수
없을 것입니다. 무언가에 관해 물음을 묻는 이는 물음의 대
상을 소유하고 있는 동시에 소유하고 있지 않습니다. 그러한

면에서 존재 물음을 묻는 존재인 인간은 존재를 소유하고 있으면서도 동시에 존재를 소유하고 있지 않습니다. 달리 말하면 인간은 존재에 속해 있으면서도 존재로부터 분리되어 있습니다. 분명 우리는 존재에 속해 있습니다. 존재의 힘이 우리 안에 있습니다. 그렇지 않다면 우리는 존재할 수 없을 것입니다. 그러나 동시에 우리는 존재로부터 분리되어 있습니다. 우리가 존재를 완전히 소유하고 있는 것은 아닙니다. 우리에게 있는 존재의 힘은 제한적입니다. 우리는 존재와 비존재의 혼합체입니다. 이것이 바로 인간이 유한하다는 말의 뜻입니다. 무한자는 존재 물음을 던지지 않습니다. 무한자로서 그는 존재의 힘을 완전히 소유하고 있기 때문입니다. 그렇기에 무한자라는 말과 완전한 존재의 힘이라는 말은 같은 말입니다. 그는 신입니다. 자신이 유한함을 깨닫지 못하는 존재자, 우리가 경험하는 한도에서 인간 이외의 모든 존재자는 존재 물음을 던질 수 없습니다. 자신을, 자신의 한계를 넘어서지 못하기 때문입니다. 그러나 인간은 존재에 관해 물을 수 있고 물어야 합니다. 인간은 묻지 않을 수 없습니다. 그는 자신이 분리되어 나온 존재의 힘에 속해 있기 때문이며, 또 자신이 그 힘에 속해 있음을, 동시에 그 힘에서 분리되어 나와 있음을 알고 있기 때문입니다.

저는 이 책의 주제를 '성서 종교와 궁극적 실재 탐구'라고 말했습니다. 이 표현은 그 자체로 존재론적 물음에서 존재가 의미하는 바에 대한 탁월한 해석이라 할 수 있습니다. 여기서 궁극적이라는 말은 단지 잠정적일 뿐인 실재를 암시합니다. '궁극적'ultimate이라는 말과 '잠정적'preliminary이라는 말은 모두 시간적인 은유입니다. 이 은유들은 우리가 세계를 마주하는 방식을 표현합니다. 우리가 마주하는 모든 것, 모든 일은 실재, 즉 참된 존재처럼 보입니다. 그러나 이내 우리는 그것들이 일시적일 뿐임을 깨닫습니다. 이들은 과거에는 실재했지만, 지금은 더는 실재하지 않습니다. 달리 말하면, 비존재가 이들을 삼켜버린 것입니다. 또한, 우리는 무언가 있을 때 그것이 우리 눈에 보이는 것과는 다르다는 것을 알아차릴 때가 있습니다. 우리는 그것의 표면과 심층을, 좀 더 참모습에 가까운 수준을 구별합니다. 어떤 수준은 표면에 지나지 않음을 알게 되고 이를 꿰뚫어 더 깊은 수준, 그것의 궁극적 실재를 향해 들어가고자 노력합니다. 그러나 어떤 사물도, 어떤 일도 다른 사물들, 다른 일들로부터 고립되어 있지 않습니다. 그래서 우리가 어떤 사물에, 사건에 깊이 들어갈수록, 이를 다른 사물, 사건, 그리고 전체 현실과 분리해 생각하기란 불가능해집니다. 일상의 영역에서 인간과 인간의 만남은 고립된 개인끼리의 만남처럼 보입니다. 그러나 심층심리학depth psychology이 재발견한 인격적 실존personal existence의 수준까지 들어가면 우리는 과거, 선조들, 집단 무의식, 살아있는 모든 존재가 참여하는 살아있는 실체를 만나게 됩니다. 참으로 실재하는 것the "really real"*에 대한 탐구를 하는 가운데 우리는 특정 수준에서 좀 더 깊은 수준으로 나아가다가 더는 그 이상의 수준을 말할 수 없는 지점에 도달하게 됩니다. 이 지점에서 우리는 모든 수준의 근거, 모든 수준에 구조와 존재의 힘을 주는 것에 관해 물음을 물을 수밖에 없습니다. 그러므로 실재하는 것처럼 보이는 모든 것을 넘어서는 궁극적 실재에 대한 탐구는 곧 존재 자체, 존재하는 만물에 있는 존재의 힘에 대한 탐구입니다. 존재론적 물음이란 바로 이를 탐구하는 것입니다. 이 물음은 모든 철학의 근원이 되는 물음입니다.

이를 고려하면 인간 상황에 대한 우리의 이해는 좀 더 확

---

* 플라톤은 존재 자체를 "온토스 온"ὄντως ὄν이라고 불렀다. 이 말에 대한 영어 번역이 "리얼리 리얼"really real이다. 그런데 이 번역은 실재적이라는 말이 사물res에 가까운 말이기 때문에 "온"ὄν이 가진 본래의 의미를 옮기기에는 부족하다. 하지만 이를 "존재적으로 존재하는"beingly being 으로 말할 수는 없기 때문에, "실재"를 "존재"와 동의적인 것으로 영어에서 번역한다. 에티엔 질송, 『존재란 무엇인가』(서광사, 1992), 31 참조.

장될 수 있습니다. 우리는 유한하며 유한함을 알기에 철학을 합니다. 인간은 존재와 비존재의 혼합체이며 우리는 이를 알고 있습니다. 우리는 우리가 속한 세계와 마주하면서 이 세계 또한 우리와 마찬가지로 존재와 비존재의 혼합체임을 봅니다. 세계의 유한성, 그리고 이 세계와 상호의존하는 인간의 유한성으로 인해 우리는 궁극적 실재를 탐구하게 됩니다. 그러한 면에서 이 탐구는 유한한 존재자인 인간이 유한한 세계와 만남으로써 일어난 결과라 할 수 있습니다. 인간으로서 우리가 존재와 비존재 사이에 있기에, 그러한 상황 가운데서도 우리 자신과 우리가 속한 세계에 있는 비존재를 극복할 존재의 형식을 열망하기에 우리는 철학을 합니다. 인간의 상황이 이렇다면, 철학적 물음은 종교적 물음만큼이나 진실하고 불가피한 물음일 것입니다. 그리고 그렇기에 존재론과 성서 종교의 연결은 필수적인 작업이라 할 수 있습니다.

2. 철학적 반대 견해들

철학과 성서 종교의 만남과 관련해 성서 종교의 특징을 살펴보기 전에 철학의 본성에 관련된 지금까지의 이야기에 반대하는 견해들을 알아보겠습니다. 철학이 무엇이어야 하는지는 철학만이 결정할 수 있다는 이야기에는 모두가 동의할 것입니다. 철학을 넘어서 이런 결정을 해줄 수 있는 지적 영역은 없기 때문이지요. 그러나 철학에 관한 특정 이해만이 철학과 성서 종교의 만남에 허용된다면 이는 다른 철학에 공정하지 않을 것이며 그 만남은 타당하지 않을 것입니다. 그러므로 우리는 먼저 철학은 존재론적 물음이라는 정의가 단지 특정 철학의 표지일 뿐인지 아닌지, 혹은 그 정의가 모든 사람이 받아들이는 정의이자 정교한 방법론을 동반하는 철학에 대한 보편적인 정의인지를 물어야 합니다. 이 물음에 답하기 위해서는 먼저 두 가지 문제를 해결해야 합니다.

첫 번째 문제는 매우 길고 풍요로운 역사를 지닌 철학이라는 용어를 이와는 완전히 대립하는 방식으로 정의하는 이들이 제기하는 문제입니다. 현대 논리학자들이 그 대표적인 예지요. 이 흐름의 주된 대표자들은 논리실증주의와 의미론적 분석 이전에 있었던 모든 철학을 거부하면서 자신들의 작업에 "철학"이라는 이름을 붙입니다. 그들에게 존재론적 물음은 무의미하거나 아무런 인식론적 가치가 없습니다. 이들에게 존재론은 감정의 영역에 속하며, 최선의 경우라도 감정의 미학적 표현만을 끌어낼 뿐입니다. 그들이 옳다면 철학과 성서 종교를 연결하는 것은 전기물리학과 성서 종교를 연결하는 것만큼이나 황당한 일일 것입니다. 그러나 논리실증주의를 대표하는 이들 중 어떤 이들은 자신들이 하는 일의 한계를 인정합니다. 그들은 순수 논리와 응용 논리의 영역 밖에도 유의미한 진술이 있을 수 있음을 인정합니다. 어떤 이는 존재론적 진술도 유의미한 진술이 될 수 있음을 인정하기까지 했습니다. 실제로 지식과 실재의 관계에 관한 그들의 진술들은 (비록 그르다고 할지라도) 유의미한 존재론적 주장입니다. 그러므로 그들은 존재론의 중요성을 인정해야만 합니다. 존재론적인 진술이 조금이라도 의미가 있다면, 그 진술과 종교적 표현의 관계는 올바른 문제입니다.

두 번째 문제는 존재론자들이 스스로 제기한 문제입니다. 최근 과정철학philosophy of process에 속한 이들은 '존재'라는 말에 의문을 제기하며 이 말이 정적인 세계, 닫힌 실재를 가리킨다고 지적합니다. 분명 실재는 생성becoming이라는 특징이 있는 것처럼 보입니다. 그리고 실재에 있는 역동적인 요소보다 정적인 요소를 중시해 정의를 내린다면 이는 편견과 오해에 사로잡힌 정의임은 물론 철학과 성서 종교의 만남에 부정적인 결과를 초래할 수 있습니다. 정적인 궁극자와 살아있는 하느님은 양립할 수 없습니다. 그러나 존재 자체라는 말에는 정적인 함의도 역동적인 함의도 없습니다. 존재 자체는 어떤 특수한 규정보다도 우선합니다. 이 말은 무언가 없지 않고 있다는 근원적인 사실, 그리고 비존재에 저항하는 존재의 힘을 가리킵니다. 분명, 이 저항에는 역동적인 특징이 있습니다. 존재의 힘은 수많은 힘의 중심을 통해 현실화됩니다. 달리 말하면 모든 힘의 중심은 존재의 힘에, 존재 자체에 참여하고 있습니다.

이는 경험주의 철학자들의 존재론 반대에 대한 응답도 됩니다. 경험주의자들은 존재론적 물음을 부정하지는 않지만, 이를 실재하는 것의 가장 일반적인 구조와 관계, 그리고 이를 분석하는 방법에 대한 물음으로만 한정합니다. 이들은 존재 자체나 존재의 힘과 같은 개념을 경험으로 확인할 수 있는 것을 넘어선, 관념론적이거나 신비주의적인 개념으로 간주합니다. 그러나 이러한 철학의 기초에도 존재론적 물음이 자리 잡고 있습니다. 앞의 두 주장과 마찬가지로 이 주장의 바탕에는 중세부터 현대에 이르기까지 철학적 경험론을 결정지은 유명론적 존재론nominalistic ontology이 자리 잡고 있습니다. 이러한 실재관에 따르면 존재는 참여participation가 아닌 개체화individualization라는 특징을 보입니다. 여기서 인간과 인간 정신을 포함한 모든 개체는 나란히 서서 서로를, 그리고 전체 현실을 바라보며, 표면에서 중심으로 한 걸음씩 들어가려 합니다. 그러나 그 중심에 매개 없이 들어갈 수는 없습니다.

다른 개체에 직접 참여할 수 없으며, 개체화를 이끈 보편적인 존재의 힘에 직접 참여할 수 없습니다. 지면상 이 철학의 실재관이 지닌 한계와 실로 거대한 역사적 중요성을 이 자리에서 논의할 수는 없습니다. 다만 한 가지는 강조하려 합니다. 유명론은 실재를 이해하는 하나의 견해라는 점 말이지요. 이 철학은 존재에 관한 다른 가정, 이를테면 중세 실재론(이는 오늘날 '관념론'idealism이라고 부릅니다)과는 다르지만 어떤 존재의 구조를 가정하고 있습니다. 이는 특수한 유형의 존재론입니다. 하지만 이 철학이 철학에 대한 기본적인 이해를 바꾸지는 않습니다. 비록 존재론에 저항한다 할지라도 이 철학 역시 존재 물음에 대한 답을 전제하고 있습니다.

3. 철학함의 태도

이제 마지막 고찰을 할 차례입니다. 철학을 하는 태도에 관해 이야기하면서 철학의 의미에 관한 논의를 마무리하겠습니다. 인간 상황은 보편적으로 존재 물음을 제기하게 만듭니다. 이는 참된 철학에 인간 사고의 두 가지 기능이 영향을 주고 있음을 뜻합니다. 그중 하나는 보통 '이론적' 기능이라고 부르고, 또 다른 하나는 '실존적' 기능이라고 부릅니다. 철학자들은 실재를 마주하면서, 모든 앎의 출발점이 되는 경이를 느낍니다. 그는 발견하고, 발견한 바를 진술하고, 새로운 발견에 기초해 과거에 진술한 바를 거부합니다. 철학자는 자신과 마찬가지로 앎을 향한 욕구에 사로잡힌 이와 대화를 나눕니다. '긍정'과 '부정'을 통해 오류는 극복되고 실재는 정신에 드러나게 됩니다. 연구가 성공하면 많은 연구 대상에 적용할 수 있는 방법과 기준이 정립됩니다. 계속해 철학자들은 검증 방법들을 탐구하고 이를 발견합니다. 사물과 사건의 연속적인 흐름에서 이 흐름과 구별되는 어떤 포괄적인 원리들을 발견합니다. 수천 년 동안 모든 철학자는 보통 '범주'라고 부르는 이 원리들을, 그리고 이 원리들과 정신, 실재가 맺는 관계를 정의하려 노력했습니다. 그리고 마지막으로 철학자들은 이 원리들조차 넘어선 존재 자체, 사유의 궁극적인 목표에 도달하려 노력합니다. 존재 자체를 정의하기 위해서가 아니라(존재 자체는 모든 정의의 전제이므로 이를 정의하기란 불가능합니다) 늘 현존하면서도 늘 벗어나 있는 그 무엇을 표현하기 위해서 말이지요. 이 모든 일은 수학자, 물리학자, 역사학자의 작업과 마찬가지로 논리적 합리성과 방법론적 합리성을 따라서 엄격하게 수행됩니다.

그러나 철학자는 또 다른 어떤 요소, 즉 실존적 요소에 의해서 존재 물음을 묻습니다. 이 "다른 어떤 요소"를 플라톤

Plato은 이데아를 향한 에로스έρως, 스토아학파는 지혜를 향한 갈망, 아우구스티누스Augustine는 진리 자체를 향한 열망, 스피노자Baruch Spinoza는 실체에 대한 지적인 사랑, 헤겔Georg Wilhelm Friedrich Hegel은 절대자를 향한 열정, 흄은 편견으로부터의 해방, 니체Friedrich Wilhelm Nietzsche는 창조적이고 파괴적인 삶의 과정에 참여하려는 의지라고 불렀습니다. 자신의 존재 깊은 곳에서 자신을 움직이는 힘을 통해 철학자는 철학자가 됩니다. 궁극적 실재에 관한 물음은 인간의 존재 전체를 추상화하려는 이론적 관심 가운데 일어나는 것이 아니라, 열정과 합리성의 진귀한 연합 가운데 일어납니다. 이 연합이 철학자를 위대하게 만듭니다. 철학자의 실존은 철학자의 물음과 연관이 있습니다. 철학자는 궁극적 실재를 요구합니다. 달리 말하면 존재 자체에 관한 물음을 묻습니다. 하지만 실존적 요소는 이론적 요소를 폐기하지 않습니다. 성인, 예언자, 시인과는 달리 무한자를 향한 철학자의 열망은 지성에 집중합니다. 즉 철학자는 알기를 원합니다. 그는 존재가 무엇을 의미하는지, 존재의 구조가 무엇인지, 그리고 인간이 어떻게 존재의 신비에 들어갈 수 있는지를 알아내려 합니다. 철학자는 바로 그런 사람입니다.

III

성서에 나타나는 인격주의의 토대

1. 거룩함 경험의 인격적 특징

1장에서는 존재론과 성서 종교라는 두 가지 기본 개념을 설명하려 했으며 궁극적 실재 탐구의 본성과 필요성을 논의했습니다. 이제는 성서 종교를 존재론과 연결함으로써 성서 종교의 특징을 분석하려 합니다. 그렇게 함으로써 우리는 1장에서 논의한 내용, 즉 성서 종교라는 말이 하느님의 계시와 인간의 수용이라는 두 측면을 드러냄을 좀 더 구체적으로 알게 될 것입니다.

인간의 수용으로서 성서 종교는 종교사에 속합니다. 성서 종교의 역사적 배경에 대해 알고 있는 이라면 누구나 주변 종교들이 성서 종교에 영향을 미쳤는지, 성서 종교와 다른 종교들 사이에 얼마나 많은 유사점이 있는지를 알고 있습니다. 하지만 이러한 사실들이 성서라는 형식을 통해 인간이 받아들인 계시가 여러 계시 중 하나의 계시가 아니라 과거와 미래를 아우르는 모든 계시의 기준이 되는 계시라는 그리스도교의 판단에 영향을 미치지는 않습니다.[*]

여기서는 성서 종교의 (암묵적으로는 계시의) 근원적이고 비타협적인 특징이 드러나는 흔적들을 살펴보려 합니다. 이 흔적들을 부러 희석해 손쉽게 궁극적 실재 탐구와 연결하지는 않을 것입니다. 오히려 여기서는 필연적으로 존재론과 갈등할 수밖에 없는 성서 종교의 면모를 그려보려 합니다. 성서 종교가 존재론에 반대한다는 편견의 핵심은 성서 종교가 인격주의personalism라는 특성을 보인다는 것입니다. 성서에 따르면 하느님은 자신을 인격적으로 드러냅니다. 하느님과 만남, 성서에서 그 만남을 묘사하는 방식은 철저히 인격적입니

---

[*] 틸리히는 예수 그리스도라는 계시 사건을 근원적 계시, 최종적 계시라고 말한다. 근원적 계시 외의 다른 계시들은 의존적 계시이며, 최종적 계시는 계시의 역사를 준비의 시기와 수용의 시기로 나누는 기준이 된다. 근원적 계시와 의존적 계시의 관계에 관해서는 폴 틸리히, 『폴 틸리히 조직신학 1』, 214~218. 최종적 계시, 계시의 역사에 관해서는 같은 책, 232~242 참조.

다. 어떻게 이러한 표현들과 궁극적 실재 탐구를 종합할 수 있을까요? 이는 매우 중요한 질문입니다.

인간이 종교적 경험을 통해 만나는 거룩함the holy을 인격화하지 않는 종교는 없습니다.** 모든 종교는 거룩함 경험을 유한한 현실들을 통해 전달합니다. 그러한 면에서 만물은 계시의 매개medium, 신적 힘divine power의 담지자가 될 수 있습니다. 이때 만물에는 자연과 문화, 영혼과 역사에 있는 모든

** 틸리히는 '거룩함'holy과 '성스러움'sacred, 그리고 이와 반대되는 '불경함'profane과 '세속'secular을 각각 다른 의미로 사용한다. "신들의 영역이 거룩함의 영역이다. 신적인 것the divine이 현현하는 곳마다 성스러운 sacred 영역이 설정된다." Paul Tillich, *Systematic Theology* vol. 1 (Chicago: The University of Chicago Press, 1951), 215. "불경함profane이라는 용어는 정확히 우리가 "자기-초월에 저항함"이라 부르는 것, 즉, 성전의 문 앞에 남아 있음, 거룩한 것 밖에 있음을 의미한다. ... 종교 용어에서 "불경"이라는 말은 "세속secular이라는 말로 대체되었는데, "세속"은 "세상"world을 의미하는 '세클룸'saeculum에서 유래한 말이다. "세속"이라는 말이 거룩함the holy과의 대조를 시각적으로 표현하지 않는 것과 달리, "불경"이라는 말은 그 대조를 시각적으로 표현한다. 그러므로 나는 생명의 모든 차원에서 나타나는, 자기-초월에 대한 저항이라는 중요한 기능을 표현하기 위해서 그 단어(불경)를 간직해두고자 한다." Paul Tillich, *Systematic Theology* vol. 3 (Chicago: The University of Chicago Press, 1964), 87. 정리하면 다음과 같다. 거룩함the holy은 신적인 것의 현현을 의미하며, 신적인 것의 현현을 통해 유한한 것 안에서 성스러운 것the sacred과 성스럽지 않은 것의 구분이 설정된다. 일반적으로 성스럽지 않은 것을 세속적인 것the secular이라 하는데, 세속적인 것의 특징이 종교적 자기-초월에 대한 저항, 즉 '불경함'the profane이다. 따라서 '거룩함-불경함', '성스러움-세속적임'이라고 짝을 지을 수 있다.

것뿐만 아니라 원리, 범주, 본질, 가치도 포함됩니다. 돌, 나무와 동물, 성장과 파괴를 통해, 도구와 집, 조각과 음악, 시와 산문, 법과 관습을 통해, 몸과 정신, 가족과 공동체, 역사적인 지도자와 민족 혹은 국가를 통해, 시간과 공간, 존재와 비존재, 이상과 덕을 통해 우리는 거룩함을 만날 수 있습니다. 종교사에서 실재하는 것이든, 관념적인 것이든 만물은 신적 신비의 매개로 기능했습니다. 그리고 무언가 매개라는 역할을 맡는 순간 인격적인 면모도 갖게 됩니다. 심지어는 도구와 돌, 범주도 종교적 만남, 거룩함과의 만남에서는 인격적인 것이 됩니다. '페르소나'persona는 그리스어 '프로소폰'πρόσωπον과 마찬가지로 무대에 선 배우의 개별적인 특징과 보편적으로 유의미한 특징을 모두 가리킵니다. 인간의 경우 '인격'person은 자기관계성self-relatedness과 세계관계성world-relatedness을 지니고 있으며, 따라서 합리성과 자유, 책임을 가지고 있는 개체성individuality을 뜻합니다. 인격은 '자아로서의 자기'ego-self와 다른 자기의 만남, 이른바 '나-너'I-Thou 관계라고 부르는 만남을 통해 성립됩니다.* 그렇기에 인격은 오직

---

* 마르틴 부버Martin Buber는 '나와 너(당신)', '나와 그것'의 관계를 구분하면서, 그 관계들을 '근원어'라고 말한다. 먼저 '나와 그것'은 인과율, 필연성을 따르는 사물적인 관계이다. 반면에 '나와 너'는 사물이 아닌 인격과 인격의 관계를 의미한다. 그의 철학에서 중요한 것은 '나'와 '너',

다른 인격들과 이루는 공동체 가운데서만 실존합니다. 인격을 지닌 존재는 기본적으로 앞서 언급한, 물음을 묻고 대답을 받아들일 수 있는 가능성과 같은 여러 특성이 있습니다. 종교적 경험 가운데 일어나는 '인격화'personification는 저 인격의 모든 특성을 거룩함의 담지자에게 부여하는 것을 뜻합니다. 설령 담지자가 실제로는 그러한 특성이 없다 하더라도 말이지요. 돌이나 덕은 자기관계적이지 않으며 자유와 책임을 갖고 있지도 않습니다.

그렇다면 어떻게 비인격적인 존재자들에게 인격의 성질들을 돌리는 것이 가능할까요? 그 존재자들을 지적 탐구의 대상이 아니라 만남의 요소, 즉 거룩함과의 만남에 필요한 요소로 간주할 때 이러한 일이 가능합니다. 비인격적인 것들이 거룩함과 만남의 일부가 될 수 있는 이유는 그것이 그 자체로 가치를 지니고 있기 때문이 아니라 자신을 초월한 무언가를 담지하고 있기 때문입니다. 거룩함은 그들 너머에 있습

그리고 '나'와 '그것'이 실체로 존재하면서 서로 관계 맺음을 의미하지 않는다는 점이다. '나와 너'에서의 '나'와 '나와 그것'에서의 '나'는 다르다. '나'는 실체로 존재하는 것이 아니라, 어떤 관계를 통해서 드러나는 '나'이기 때문이다. 그래서 부버는 "근원어가 말해짐으로써 하나의 존재가 세워진다"고 말한다. 마르틴 부버, 『나와 너』(문예출판사, 1992), 5~6 참조.

니다. 거룩함은 저 담지자들을 통해 현존해 우리가 자신을 향해 궁극적인 관심을 기울이게 합니다.*

인간은 만물 안에서, 만물을 통해 거룩함을 경험할 수 있습니다. 거룩한 것은 거룩하기에 인간 이하일 수 없습니다. 거룩한 것은 비인격적일 수 없습니다. 인간보다 못한 것, 인간의 인격보다 못한 것에 인간은 궁극적인 관심을 기울일 수 없습니다. 거룩함이 인격적인지, 그 담지자들이 인격적인지 묻는 것은 의미가 없습니다. '인격적이다'라는 말이 객관적 주장, 인식과 관련된 주장이라면 거룩함, 그리고 거룩함의 담지자들은 분명 인격적이지 않습니다. 하지만 우리가 던져야 할 질문은 그것이 아닙니다. 그보다 우리는 그것들이 종교적 만남을 거치는 가운데 무엇이 되는지를 물어야 합니다. 이에 대한 답은 분명합니다. 그들은 인격적인 것이 됩니다. 이때 '인격화'를 '무언가를 인격적인 것으로 만드는 일'로 이해해서는 안 됩니다. 그렇게 되면 '인격화'를 인간이 원시적

---

*　이는 루돌프 오토Rudolf Otto의 누멘적인 것의 체험과 관련이 있다. 라틴어 '누멘'numen은 '신성'을 의미하는데, 이 단어를 기반으로 그는 '누미노제'numinose(누멘적인 것)라는 조어를 만들었다. 이것은 어떤 대상을 신적인 것(누멘적인 것)으로 체험하게 될 때 이에 수반되는 마음의 상태를 의미한다. 이러한 '누멘적인 것'에는 두렵고 떨리는 요소mysterium tremendum와 매혹적인 요소mysterium fascinosum가 포함되어 있다. 루돌프 오토, 『성스러움의 의미』(분도출판사, 2018), 39, 79 참조.

인 사고를 할 때 불가피하게 일어나는, 참되지 않고 인위적인 무언가를 만드는 것처럼 볼 수 있기 때문이지요. 종교적 경험에서 인격적 만남은 인식을 할 때 일어나는 주체와 대상의 만남만큼, 혹은 미적 경험을 할 때 일어나는 전망vision과 의미의 만남만큼이나 실재적입니다. 이러한 의미에서 종교적 인격주의는 실재를, 종교적 만남 가운데 있는 실재를 표현합니다.

누구든 거룩함을 경험하면 그 경험에는 인격적 만남이라는 특징이 있습니다. 이는 이른바 '원시 종교들'primitive religions과 그 종교들에서 숭배하는 인격적인 신들(설령 이 신들이 인간보다 못한 신들이라 할지라도)의 면모를 보면 손쉽게 확인할 수 있습니다. 인간은 인간을 만나듯 그 신들을 대합니다. 위대한 신화 종교들에서도 거룩함과의 만남이 지닌 인격적 특징은 손쉽게 발견할 수 있습니다. 신화에 나오는 모든 신은 인격적입니다. 인간 자아에게 그들은 모두 '너'입니다. 인간은 그들에게 기도하고 희생제사를 드리고 도덕을 따름으로써 그들에게 영향을 미치려 합니다. 신비주의mysticism는 신과 인간 사이의 자아-너 관계ego-thou relation를 초월하고자 노력합니다. 위대한 신비가들은 적어도 탈자적 순간ecstatic moment에는 이를 성공적으로 수행했지요. 그러나 신비주의가 발생한 인도, 중국, 페르시아, 유럽의 종교 역시 인격주의적입니다. 그 종교들은 인격신을 넘어서는 초인격적 일자transpersonal One, 즉 인격적인 모든 것의 근거와 심연이 있음을 알았지만, 실제 해당 종교인들은 인격신들을 공경했지요.

언젠가 저는 이를 두고 인도의 한 브라만 계급의 사제와 이야기를 나눈 적이 있습니다. 그는 인도의 종교 전통 바탕에 초인격적인 사상이 있음을 분명히 알려주었지요. 하지만 힌두교 신자로서 그는 브라흐만이라는 실재가 우리를 위해 자신을 인격으로 만들었다고 말했습니다. 그는 오직 인간의 주체성에만 인격성을 부여하지 않았습니다. 인격성을 환상으로 보지도 않았습니다. 오히려 그는 이를 브라흐만의 내적 성질로 보았지요. 이처럼 모든 종교는 거룩함을 인격적 형상을 통해 만납니다.

2. 성서에 나타나는 인격주의의 특징

성서 종교의 인격주의는 보편 종교universal religion라는 배경 아래 살펴보아야 합니다. 성서 종교의 인격주의는 보편 종교를 재현하는 동시에 이를 독특한 방식으로 부정합니다. 이를테면 종교적 만남이 '나-너' 구조를 지녔다는 점에서 성서 종교의 인격주의는 다른 종교의 인격주의와 다르지 않습니다.

그러나 배타적이고 온전한 인격적 관계 관념을 만들어낸다는 점에서 성서 종교의 인격주의는 다른 종교의 인격주의와 다릅니다. 이를테면, 어떤 종교를 믿든 사람은 자신이 믿는 신을 향해 기도할 때 '당신'thou이라고 부릅니다. 성서 종교도 마찬가지입니다. 하지만 성서 종교는 인격적 관계를 '인격-사물'person-thing의 관계("네가 무언가를 주면 나도 무언가를 주겠다"는 식의 관계, 마치 물건을 주고받듯 무언가를 교환하는 관계)로 바꾸는 요소들을 기도에서 제거합니다.

성서 종교는 그러한 태도와 맞서 싸움으로써 인격의 온전한 의미를 발견했습니다. 성서에서 증언하는 하느님은 어떤 조건을 달지 않는다는 특징을 보입니다. 그렇기에 그분과 맺는 관계는 철저하게 인격적입니다. 인간의 인격적 실존의 중심에 관심을 기울이는 이만이 어떠한 조건도 달지 않고 인간에게 관심을 기울이기 때문입니다. 어떠한 조건도 달지 않고 힘을 행사하고 요구하며 약속하는 이야말로 우리를 온전히 인격적인 존재로 만듭니다. 그렇기에 하느님과 만날 때 우리는 온전히 인격적인 존재가 됩니다. 먼저 인격이 무엇인지를 알고, 그 이후 신 개념을 인격에 적용하는 것이 아닙니다. 오히려 하느님과 만남으로써 인간은 인격이 무엇을 의미하는지, 인격과 비인격적인 것의 차이가 무엇인지를 알게 됩니다. 그리고 인격을 비인격적인 모든 것으로부터 보호하는 방법을 경험합니다.

성서 종교가 인격적일 뿐만 아니라 인격의 온전한 의미를 깨닫게 하는 원천이기도 하다면, 어떻게 "존재"라는 비인격적 개념이 궁극적 관심, 무한한 열정의 문제가 될 수 있을까요? 이 만남은 이미 끝난 이야기가 아닐까요? 존재론과 성서 종교의 종합을 이루려는 모든 시도의 끝은 정해진 것이 아닐까요? 종교적 만남에서 하느님은 여러 인격 중 단지 하나의 인격일 뿐이지 않은가요? 여러 인격이 있는 가운데 '나-너 관계'가 있고 그 반대도 마찬가지 아닐까요? 그렇다면 존재 자체에 관한 물음, 모든 존재자 안에, 그리고 위에 있는 존재의 힘에 관한 물음을 던지는 존재론과는 달리 성서 종교가 증언하는 하느님은 단지 하나의 존재자일 뿐이지 않은가요? 존재론에서 이야기하는 신은 '하느님을 초월한 신'이 아닌가요?

일단은 이 물음들을 염두에 두고 성서 종교의 인격주의가 지닌 몇몇 특별한 표현을 살펴보도록 하겠습니다.

IV

인격주의와 신-인 관계

1. 신-인 관계의 상호적 특징

인격들 사이에서 일어나는 모든 관계는 자유로운 상호성 reciprocity에 기반을 두고 있습니다. 둘 중 하나라도 인격으로서 행위할 수 없다면 '자아-너'ego-thou라는 상호관계는 '자아-그것'ego-thing이라는 관계로 대체되어 버리고 맙니다. 비록 성서 종교에서 하느님은 주는 쪽이고 인간은 받는 쪽이라 하더라도 신-인 관계는 늘 상호적입니다. 하느님의 절대적인 우월함을 제한할 수도 있다는 두려움과는 별도로 성서 종교는 언제나 이 상호성을 표현합니다. 하느님은 인간의 행동에 따라 다르게 반응합니다. 논리상 이는 하느님이 부분적으로 인간에게 의존함을 뜻합니다. 인간이 이전과는 달리 행동한다면 하느님은 다르게 반응할 것입니다. 그럴 수밖에 없습니다. 인격 대 인격의 관계에서 한쪽의 인격적 행위는 상대의 인격적 반응을 불러일으키기 때문입니다. 어떤 반응이 자유롭고, 책임을 지며, 인격의 중심에서 나온 결정이라면 그 반응은 인격적입니다. 인격이 없는 사물의 영역에서 모든 반응은 이미 결정되어 있습니다. 어떤 행위에 따른 반응이든, 사물의 본성에 따라 나오는 반응이든, 반응이 일어나는 전체 맥락에 따라서든 말이지요. 인격의 영역에서도 부분적으로는 그렇습니다. 하지만 여기에는 새로운 요소가 추가됩니다. 인격의 영역에서는 상대에게 어떤 자극을 가한다고 해서 이에 따른 반응이 완전히 결정되어 있지는 않습니다. 상대는 본질적으로 주체이기 때문이지요. 주체는 자유롭게 자신이 무엇을 할지를 결정합니다. 그러므로 인격의 반응은 부분적으로는 계산 가능할지라도 궁극적으로는 결정되어 있지 않습니다. 그렇기에 인격 대 인격의 관계는 살아있는 상호성을 창조해냅니다. 우리는 행동하거나 말합니다. 그러나 우리는 상대의 행동에 어떻게 반응할지 미리 알지 못합니다. 살아있는 관계의 모든 순간에는 비결정성indeterminacy이라는 특징이 있습니다. 하느님과 인간의 자유로운 상호성이야말로 성서 종교가 보여주는 역동성의 뿌리입니다.

하느님은 명령하십니다. 인간은 이에 순종하거나 불순종합니다. 하느님은 계획하십니다. 인간은 그 계획에 협조하거나 저항합니다. 하느님은 약속하십니다. 인간은 이를 믿거나 믿지 않습니다. 하느님은 위협하십니다. 이에 인간은 두려워하거나 교만해지거나 마음의 변화를 일으킵니다. 그리고 이에 따라 하느님의 태도도 바뀝니다. 위협하고 분노하는 하느님은 사랑하고 자비를 베푸는 하느님이 됩니다. 심판하고 정죄하는 하느님은 용서하고 구원하는 하느님이 됩니다. 인간은 기도하고 하느님은 그 기도를 들으시거나 들으시지 않습니다. 인간은 열심히 노력하지만, 하느님은 이를 거절합니다. 인간은 기다리고 하느님은 받아들입니다. 인간은 미워하고 하느님은 사랑으로 응답합니다. 여기에 미리 정해진 규칙이란 없습니다. 인간과 하느님의 관계는 자유로우며 인격적인 상호성을 특징으로 합니다. 실제 삶이 그렇습니다. 인간의 삶은 살아있는 관계가 지닌 예측 불가능성, 불합리성, 친밀성이라는 특성이 있습니다.

이 하느님과 인간의 상호성만큼 '존재'라는 존재론의 개념과 대비를 이루는 것은 없어 보입니다. 어떻게 한 존재자가 존재 자체에 영향을 미칠 수 있습니까? 어떻게 존재 자체가 개별 존재자와 서로 관계를 맺을 수 있습니까? 어떻게 한 존재자가 존재의 근거, 자신이 그 안에서, 그로 말미암아 살아가는 근거에 영향을 줄 수 있습니까? 정의상 존재 자체는 시간, 공간, 인과율, 실체와 같은 변화의 범주를 초월하는데,* 존재 자체가 어떻게 변화할 수 있습니까? 자유롭고 상호적인 하느님이라는 것도 존재 자체가 초월해야만 하는 범주가 아닌가요? 이런 맥락에서 존재론은 성서가 증언하는 하느님과의 자유로운 상호성의 관계를 없앤다고 볼 수 있지 않을까요? 그리고 이는 살아있는 종교, 무엇보다도 성서 종교에 치명타가 아닐까요?

2. 성서에 나타나는 인격주의와 말

인격 대 인격의 관계는 말을 통해 이루어집니다. 한 사람이 다른 사람에게 말을 걸고 그가 이에 응답하는 경우에만 둘의 관계가 이어질 수 있습니다. 물론 어떤 상황에서는 수화나 몸짓이 입말을 대신할 수 있습니다. 그러나 그것들도 말, 입말과 관련이 있을 때만 의미를 지닐 수 있지요. 이러한 맥락에서 성서에 나타나는 인격주의를 가장 분명하게 보여

---

* 시간, 공간, 인과율, 범주 등의 범주들에 관해서는 다음을 참조하라. 폴 틸리히, 『폴 틸리히 조직신학 1』, 314~324.

주는 것은 성서 문헌에 담긴 말입니다. 성서 곳곳에는 하느님의 말씀, 예언자들의 말, 예수의 말씀, 사도들과 설교자들의 말이 등장합니다. 성서를 중시하는 신학은 대체로 '말씀의 신학'theology of the word이라는 형식을 갖고 있습니다. 종교개혁 신학이 이러한 형식을 취했고, 오늘날 신종교개혁 신학 neo-Reformation theology** 역시 이 형식을 취하고 있지요. 성서의 인격주의라는 관점에서 보았을 때 이는 쉽게 이해할 수 있습니다. 말은 인간 안에서 인간을 인격으로 만드는 중심, 인간이 합리적인 판단을 내리며 책임을 지고 결단을 내리게 하는 중심을 향합니다. 말은 자유로운 해석과 자유로운 결단을 통해 이해하거나, 판단하거나, 받아들이거나, 거부해야 하는 의미를 매개합니다. 인격으로서 인간은 이 모든 일을 수행합니다. 말은 인격의 중심에 전달됩니다. 말씀을 통한 계시는 인간의 자유, 그리고 인격으로서 인간이 지닌 자기관계성을 존중합니다.

인간은 말씀을 들으라는 요청을 받습니다. 그리고 인간에게는 이를 거부할 자유가 있습니다. 물리적 행동을 강제하려는 주문이나 심리를 강제하려는 마술이나 감정을 자극하는

** 바르트를 대표로 하는 이른바 신정통주의 신학을 말한다.

수다와는 달리 말은 인간을 제압하지 않습니다. 말을 그렇게 쓸 수도 있지만 그렇게 쓰는 것은 말의 본질, 의미를 전달하는 말의 성질을 제거해 버리는 것입니다. 이는 종교사 전체에서 나타나듯 성서에도 등장합니다. 그러나 성서 종교는 말을 이러한 방식으로 쓰는 것을 거부하고, 그 가치를 깎아내리며, 제거합니다. 의미를 전달하는 말은 인간 삶의 모든 측면에, 인격 전체에 영향을 미칩니다. 우선 말은 지성에 영향을 미칩니다. 말은 인간의 상황을, 즉 인간이 현실에서 하느님, 세계, 자신과 맺는 관계와 그 이상을 인간에게 알려줍니다. 또한, 말은 인간의 의지에 영향을 미칩니다. 구약에서 이 부분은 가장 중요하고 신약에서도 결정적인 중요성을 지닙니다. 무엇보다도 하느님의 말씀은 하느님의 명령, 그분의 의지와 목적의 표현, 세계를 창조하고 조정하는 수단, 개인과 민족을 위한 법을 수립하고 지도하는 수단, 역사 전체를 통치하고 완성하는 수단이기 때문입니다. 마지막으로 말은 위협과 약속, 분노와 사랑, 거부와 받아들임을 통해 인간의 감정에 전달됩니다. 그렇게 하느님의 말, 즉 말씀은 인격 전체에, 자유롭고 책임지며 결정하는 인격의 중심에 닿습니다.

존재론은 다른 범주들을 활용해 사고합니다. 존재 자체는 만물에 현존하고 있습니다. 만물은 존재에 참여합니다. 우리는 '누군가'에게는 말을 건넵니다. 하지만 '무언가'에는 참여합니다. 이 존재론적 참여를 통해 우리는 무언가의 일부를 이루고 있음을, 그리고 무언가가 우리의 일부를 이루고 있음을 어떤 매개 없이 깨닫습니다. 말을 들음으로써 우리는 다른 인격의 숨겨진 생각과 뜻을 알게 됩니다. 이때 말은 매개이며 우리는 상대의 중심으로부터 분리되어 있습니다. 말을 통한 계시는 계시하는 이와 계시를 받아들이는 이를 분리하는 한편, 존재론은 내가 자신을 마주할 때 감지하게 되는 존재의 힘으로 들어가게 합니다. 달리 말하면 존재론에서 주체와 대상은 같은 장소에 있으며 하나를 이룹니다. 주체와 대상은 서로에게 말을 걸지 않습니다. 이때 존재론은 계시의 하느님에게서 말씀을 빼앗아 그분을 침묵게 하는 것처럼 보입니다. 이를 염두에 두고 성서 종교의 다른 요소들을 살펴보도록 하겠습니다.

V

인격주의와 신적 현현들

1. 인격주의와 창조

성서 종교에 따르면 하느님은 말, 즉 말씀을 통해 당신을 드러냅니다. 이는 무엇보다 창조와 관련이 있습니다. 성서 종교의 인격주의와 다른 종교의 인격주의가 가장 명확하게 구별되는 지점은 창조 교리입니다. 이 교리를 두고 초대 교회는 고대 후기 세계 종교들과 생사를 건 투쟁을 했습니다. 또한, 교회가 구약을 신앙의 전제로 받아들인 것도 바로 이 창조 교리 때문입니다. 그리스도교의 그리스도론, 구원론, 종말론은 모두 창조론에 의지합니다. 이 교리가 없었다면 그리스도교는 독자적인 종교로 존재하지 못했을 것입니다. 창조 교리에는 두 가지 주요 기능이 있습니다.

첫째, 창조 교리는 모든 피조물이 하느님에게 의존하고 있음을 강조합니다. 그렇기에 모든 피조물은 본질적으로 선합니다. 이러한 측면에서 창조 교리는 선한 신과 악한 신이라는 이원론에 맞서 실존에 대한 그리스도교 해석을 보호합니다. 그리고 한 분 하느님의 인격적 단일성을 보존합니다.

둘째, 창조 교리는 창조주와 피조물 사이의 무한한 거리를 강조합니다. 창조 교리에서 피조물은 창조의 근거 밖에 있습니다. 이 교리는 피조물이 나온 창조의 실체에 피조물이 참여하는 것을 부정합니다. 특히 말씀을 통한 창조는 창조주와 피조물 사이의 거리를 극명하게 드러냅니다. 후기 유대교와 그리스도교 신학자들이 무로부터의 창조를 말했을 때 이는 올바르고 적절했습니다.* '무로부터의 창조'는 말씀을 통한 창조를 가리킵니다. 이에 따르면 유한한 존재자는 스스로

---

* '무로부터의 창조'라는 정식은 『헤르마스의 목자』 1장 1절에서 유래한다. "무엇보다도 먼저 없음에서 있음을 끌어냄으로써 만유를 창조했던 한 분 하느님을 믿으라." 이에 관해 틸리히는 다음과 같이 말한다. "비록 우리는 이 교설이 구약성서 안에는 명확하게 드러나 있지는 않다고 할지라도 잠정적인 형태로 함축되어 있다고 말할 수 있을 것이다. 그리고 이 교설은 (그리스도교에 앞서) 성서 중간 시대의 유대교 신학자들에게서 찾아볼 수 있다. 초대교회를 이교로부터 분리시키는 데 결정적인 역할을 한 것은 바로 이 교설이었다." 폴 틸리히, 『그리스도교 사상사』(대한기독교서회, 2005), 62, 78~83 참조.

존재하거나 하느님께 맞설 수 있는 실체가 아닙니다. 그들이 존재할 수 있는 것은 하느님이 말씀을 통해 당신의 뜻을 표현하셨기 때문입니다. 말씀을 통한 창조는 하느님 안에 인간이 어떻게든 실체로서 참여하는 것을 부정합니다.** 이 교리는 하느님과 인간의 실체적 동일성을 인격적 거리로 대체했습니다.

이와 달리 존재론은 모든 존재자의 근거인 존재 자체를 말합니다. 존재론은 모든 유한한 존재자가 유래하는 하나의 실체를 말합니다. 존재론은 무한자와 유한자의 동일성을 말합니다. 존재론에서 절대 정신에게는 유한한 정신이 필요합니다. 유한한 정신을 통해 절대 정신은 자신이 절대 정신임을 압니다.*** 이때 존재론은 무한자를 유한자로, 유한자를

** 스콜라 철학에서 실체(영어로는 '섭스탠스'substance, 라틴어로는 '숩스탄티아'substantia, 그리스어로는 '우시아'ousia)는 제1 실체, 즉 신을 의미하지만, 플라톤의 우시아는 본질, 즉 스콜라 철학의 '에센티아'essentia에 해당한다. 전통적으로 실체는 변화하는 것의 바탕으로서, 자체적으로 늘 지속되는 것을 뜻한다. 요셉 드 프리스, 『스콜라 철학의 기본 개념』(분도출판사, 2000), 57 참조.

*** 틸리히는 헤겔에 관한 강의에서 이렇게 말한다. "신은 모든 유한한 정신spirit을 통해서 현존하고 활동하는 절대 정신absolute Spirit이다. 이것을 이해하기 위해서는 내가 헤겔을 삶의 철학자라고, 삶의 과정의 철학자라고 말했던 곳으로 돌아가야 하겠다. … 만물은 본질적으로 신적인 생명의 자기 표현이다. … 인간의 정신에서, 특히 인간의 예술적·종교적·철학적 창조에서 신은 본질적으로 존재하는 자기

무한자로 만들어버리는 것처럼 보입니다. 달리 말하면 하느님에게서 창조의 말씀을 빼앗는 것처럼 보입니다. 존재론은 형이상학적 이원론metaphysical dualism이나 형이상학적 일원론metaphysical monism에 빠져버리며 어떠한 경우든 성서 종교에서 강력하게 표현하고 있는 하느님과 인간 사이의 거리를 제거해 버립니다.

2. 인격주의와 그리스도론

성서에 나타나는 인격주의는 하느님의 말씀이 한 인격적 삶으로, 예수라는 인물로 성육신했다는 메시지로 완성됩니다. 이런 이유로 그리스도교인들은 예수를 그리스도라고 부릅니다. 구약과 신약의 성서 종교는 하느님의 영의 힘으로 하느님의 뜻을 전달하고 하느님과 이스라엘, 하느님과 인간 사이의 계약을 보존하는 사람들의 종교입니다. 하느님은 역사에서 자신을 인격적으로 만난 인간들과 그들의 내적 체험

자신을 재발견한다. 신은 자기 자신에게서 자신을 발견하지 않고 세계의 과정을 통해 그리고 마지막에는 인간을 통해서, 인간의 신 의식을 통해서 자기 자신에게 이른다. 여기에서 우리는 신에 대한 인간의 의식에서 신은 자기를 인식하고, 신에 대한 인간의 사랑에서 신은 자기를 사랑한다는 오랜 신비 사상을 접하게 된다." 틸리히, 『19-20세기 프로테스탄트 사상사』(대한기독교서회, 2004), 160.

을 통해 활동합니다. 물론 그리스도교뿐만 아니라 유대교에도 많은 비인격적인 요소들이 있습니다. 공동체의 전통, 제사법, 법질서, 성사sacrament, 경전, 위계질서 등 말이지요. 이렇게 대상화되지 않았다면 성서 종교는 살아남아 지속하지 못했을 것이며, 이와 관련된 인물들을 끊임없이 낳지 못했을 것입니다. 하지만 이러한 대상화는 위대한 인물들에게 의존합니다. 이 인물들은 자신이 속한 종교를 변혁합니다. 이들의 경험과 투쟁, 그들이 전한 메시지가 성서 종교의 정신을 창조했습니다. 이들이 받아 전한 계시는 이들의 인격과 분리될 수 없습니다. 하느님의 말씀에 열려 있는 인격적 삶이 없다면 예언자나 사도들은 계시된 말씀을 받아들이지 못했을 것입니다. 물론 그들을 하느님의 자기-현현의 매개로 삼은 것은 그들이 아니라 그들이 받아들인 계시의 말씀이지만 말이지요. 인격적 삶 자체는 계시가 아닙니다. 계시는 그의 존재가 아니라, 그의 존재를 통해 전달되는 무언가입니다. 예수 역시 예언자들이 전한 말을 활용했습니다. 하지만 이를 넘어 예수가 전한 말은 그의 존재를 표현합니다. 예수가 전한 말은 그의 행적, 고난과 일치를 이룹니다. 그의 행적과 고난은 모두 예수라는 인격의 중심을 드러냅니다. 그에게 하느님이 현존합니다. 하느님이 그에게 "영을 아낌없이 주시기"(요한 3:34) 때문입니다. 하느님, 하느님이 주시는 영이 예수라는 인격의 중심을 결정합니다. 이로 인해 예수는 예수 그리스도가 됩니다. 하느님의 말씀은 인격으로, (부차적으로는) 인격의 말로 나타납니다. 말씀은 하느님이 자기를 드러내는 원리입니다. 그러한 면에서 한 인격으로 나타난 말씀은 성서에 나타나는 인격주의의 완성입니다. 이는 하느님은 너무나 인격적이기 때문에 우리는 인격의 삶을 통해서만 하느님이 어떤 분인지를 알 수 있다는 뜻입니다. 하느님은 인간이 될 수 있습니다. 인간은 인격체고 하느님은 인격적personal이기 때문입니다. 하느님이 인격으로 나타났을 때 인격으로서 인간이 무엇이 되어야 하는지가 드러납니다. 이로써 인격인 인간의 실존적 한계들이 극복됩니다. 하느님은 인격적 실존에 들어와 인격적 실존을 파괴하려 하는 비인격적 요소들을 제거합니다. 인간 전체를 주관하는 것은 인격의 중심입니다. 인격체가 됨으로써 하느님은 자기 인격의 중심과 인간 인격의 중심의 연합을 이룹니다.*

---

* 틸리히의 신학에서 삶(생명)은 잠재적인 본질이 현실적인 실존으로 현실화되는 것을 의미한다. 신적 생명, 생명으로서의 하느님에 관해 폴 틸리히, 『폴 틸리히 조직신학 1』, 391~395 참조. 그리고 틸리히 신학에서 본질, 실존, 생명의 관계에 관해서는 다음을 참조하라. 남성민, '폴 틸리히의 신학에서 본질, 실존, 그리고 생명의 체계', 「신학논단」

64 | 성서 종교와 궁극적 실재 탐구

이와 달리 존재하는 모든 것 안에, 그리고 그 너머에 있는 존재에 관한 물음, 즉 존재론적 물음은 실재를 비인격화하는 것처럼 보입니다. 성서 종교의 경우 로고스는 오직 구체적인 인격의 삶을 통해서만 하느님의 마음을 드러낼 수 있는 반면, 존재론의 경우 로고스는 만물에 현존하고 있습니다. 성서 종교는 개체화하는 반면, 존재론은 일반화합니다. 이때 궁극적 실재 탐구라는 말은 궁극자가 인격적으로 현존해 있는 구체적 현실을 건너뛰는 것처럼 보입니다. 그리고 보편적 로고스라는 말은 자신에게로 돌아가는 것처럼, 그렇게 하면서 육체가 된 로고스, 즉 개체적 자기individual self라는 인격체의 삶을 통해 역사의 현실이 된 로고스를 집어삼키는 것처럼 보입니다. 그렇다면 이런 물음이 생길 수밖에 없습니다. 예수가 그리스도라는 성서 종교의 핵심 주장을 존재론이 받아들일 수 없다면, 존재론과 성서 종교의 연합은 진정 불가능한 것일까요?

3. 인격주의, 역사, 그리고 종말론

성서 종교는 실재에 관한 역사적 관점을 갖고 있습니다.

53(2008), 181~218.

구약 이야기들은 순전히 이스라엘의 과거 역사와 관련된 전설이 아닙니다. 그러한 면도 있습니다만, 이를 넘어 그 이야기들의 궁극적인 목적은 이스라엘과 온 인류를 통치하기 위해 하느님이 활동하심을 전하는 것입니다. 야훼와 이스라엘 백성이 맺은 언약이라는 관념, 남은 자와 메시아 시대라는 관념, 하늘나라의 통치가 임박했다는 예수의 메시지, 두 시대(실현된 종말론과 실현되지 않은 종말론) 사이에 자신들이 있다는 초기 그리스도교인들의 감각, 이는 모두 역사를 역사적으로 해석한 것입니다. 이들은 역사뿐만 아니라 온 우주도 역사적 관점으로 보았습니다. 그들은 언약이라는 상징을 하느님과 민족, 국가의 관계, 하느님과 자연의 관계에도 적용했습니다. 여기서 자연 질서는 도덕법의 질서와 유사합니다. 자연은 질서를 위반할 수 없으며 하느님도 질서를 깨지 않을 것입니다. 오직 인간만이 하느님과 맺은 언약을 깰 수 있으며 깨뜨렸습니다. 하지만 그렇다 할지라도 하느님은 언약을 깨지 않을 것입니다. 하느님은 역사를 통해 언약을 지켜갈 것입니다. 이렇게 실재에 대한 역사적 전망은 우주의 시작과 종말을 포섭했습니다. 이러한 우주의 필연성은 세계가 불이 타올라 시작되었다가 다시 불에 타올라 사라진다는 스토아학파의 이야기와는 다릅니다.* 우주의 시작과 종말은 역사에 대한 비역사적 조건unhistorical condition이 아니라 역사 이전의 조건prehistorical condition입니다. 역사를 바라보는 성서 종교의 전망에 따르면 우주마저 역사적인 것이 됩니다.

이러한 우주론의 틀 아래 구원의 역사가 일어납니다. 성서 종교에서 역사는 곧 구원의 역사입니다. 역사 이전 아담의 타락부터 역사 이후 하느님 안에서 만물이 다시 연합하는 방향, 노아와 아브라함에서 시작해 그리스도의 재림으로 끝나는 방향으로 나아갑니다. 역사는 인간의 타고난 잠재력의 표현도 아니고 인간의 성장과 쇠퇴가 반복되는 비극의 순환도 아닙니다. 역사는 새로움을 창조합니다. 그리스도를 통해 새로운 존재가 역사의 과정 안에 나타났습니다. 역사는 의미와 중심을 얻었습니다.

성서 종교는 세계의 초역사적-역사적 시작transhistorical-historical beginning에 상응하는 역사적-초역사적 종말historical-

---

* 스토아학파에 따르면, 죽음 이후에 영혼은 공 모양으로 수축되어 살아가다가, 수축력이 약해지면 사라진다. 힘이 센 영혼은 악한 영혼보다 더 오래 살 수는 있지만, 다가올 세상의 대화재에 이르면 모두 사라지게 된다. 말테 호셴펠더,『헬레니즘 철학사』(한길사, 2011), 197 참조. 그리고 이 학파는 헤라클레이토스와 피타고라스를 이어받아 순환론적 세계관을 가지고 있었다. 요하네스 힐쉬베르거,『서양철학사 상』, 313 참조.

transhistorical end을 고대합니다. 이러한 맥락에서 성서 종교는 종말론적입니다. 성서 종교는 지상의 구조가 새롭고도 완벽하게 변모하기를, 현실 전체가 갱신되기를 기대합니다. 역사의 목표, 온 우주의 목표는 바로 이 새로운 실재입니다. 역사와 우주는 이 목표를 향해 독특하고, 이전으로 되돌이킬 수 없는 운동을 하며 나아갑니다.

이에 대해서도 우리는 물을 수 있습니다. 이는 궁극적 실재 탐구와 어떻게 연결될 수 있습니까? 존재론은 실재, 즉 현실의 변치 않는 구조를 분석하는 것이 아닙니까? 그리고 존재하는 모든 것이 참여하는 존재 자체라는 개념은 필연적으로 비역사적이지 않습니까? 존재론적 현실 해석은 불가피하게 역사의 새로움을 배제하지 않습니까? 특히, 존재론적 현실 해석은 인간의 죄와 하느님의 은총을 필연적인 것으로 해석함으로써 인간의 인격적 중심이 수행하는 자유롭고 책임 있는 행위라는 특징을 죄에서 박탈하고, 하느님에게서 하느님의 자비 가운데 이루어지는 자유롭고 인격적인 활동이라는 특징을 은총에서 제거해 버리지 않습니까? 죄와 은총이 존재론이라는 틀에 담겨도 여전히 죄와 은총일 수 있습니까? 역사에서 새로움을 배제한다면, 세계가 목적을 지니고 있다고 말할 수 있습니까? 종말론적 세계관, 즉 만물의 초월적 기원과 초월적 종말을 이야기하는 것이 과연 가능합니까? 존재론은 성서 종교에서 이야기하는 희망을 무너뜨리지 않습니까?

지금까지 몇몇 교리를 통해 성서에 나타난 인격주의에 관해 살펴보았습니다. 그러나 성서 종교의 한쪽 측면은 전혀 다루지 않았습니다. 바로 인간과 인간의 상황에 대한 성서 종교의 이해 말이지요. 다음 장에서는 이를 다룰 것입니다. 그런데 이 장에서 살펴본 내용만을 따른다면 더 논의를 이어가는 것은 불가능한 것처럼 보입니다. 성서 종교와 존재론을, 성서 종교의 인격주의와 존재론의 비인격주의를 연결하는 것은 어떠한 식으로든 불가능해 보입니다. 그러므로 다음 장부터 마지막 장에 이르기까지 가장 중요한 과제는 바로 이 연결이 가능하다는 것, 어느 한쪽이 실현되기 위해서는 다른 한쪽이 필요하다는 것을 보여주는 것이 될 것입니다. 둘의 관계는 결코 피상적으로는 이루어질 수 없습니다. 양자의 심오한 상호의존성을 발견하기 위해서는 성서 종교의 본성, 그리고 존재론의 본성 모두를 깊이 파고들어야 합니다.

VI

성서에 나타나는 인격주의 관점에서 본 인간

1. 성서에 나타나는 인격주의와 인간의 윤리적 실존

앞에서 저는 성서 종교와 존재론의 연결을 종교의 객관적 측면, 즉 성서 신앙의 교리와 존재론적 사유의 개념이라는 형식을 연결하는 것으로 제한했습니다. 신앙하는 인간, 그리하여 궁극적 실재를 요청하는 인간의 상황에 대해서는 다루지 않았지요. 이제는 성서 종교의 주관적 측면을 분석해 이를 존재론 작업의 주관적 측면과 연결해보도록 하겠습니다. 이를 연결함으로써 우리는 처음으로 성서 종교와 존재론이 긍정적인 관계를 맺는 지점을 발견하게 될 것입니다. 이 지점은 잠정적인 연결에서 강력하고 최종적인 연결로 나아가는 전환점이라 할 수 있습니다. 최종적인 연결은 반대로 이루어질 것입니다. 즉 성서 종교의 주관적인 측면에서 시작해 객관적인 측면으로 되돌아가는 것이지요. 그렇게 우리는 출발점, 존재론이 요청하는 궁극적 실재와 관계를 맺고 있는 하느님 관념에 도달할 것입니다.

성서 종교의 관점에서 보았을 때 하느님과 관계를 맺는 인간 실존은 무엇보다도 윤리적 실존입니다. 창세기 앞부분은 이를 풍성하게 표현하고 있고 또 강조하고 있습니다. 하느님은 인간을 낙원에 살게 하면서 명령과 금지를 내립니다. 인간은 유혹을 경험하고 명령을 어기기로 결정합니다. 그리하여 인간은 순결함, 자연, 그리고 타인과의 일치를 상실합니다. 이후 인간은 새로운 유혹을 받고 형제를 죽입니다. 죄책감으로 인한 불안 때문에 인간은 이곳저곳을 방황합니다. 도덕적 부패가 확산되고 홍수가 들이닥칩니다. 이제 하느님은 자신이 선택한 백성과 언약을 맺습니다. 이 언약에는 일종의 '대헌장'Magna Carta이라 할 수 있는, 십계명이 포함된 모세의 율법이 있습니다. 이 언약을 불의하게 활용하는 이들에게 예언자들은 분노합니다. 이스라엘의 모든 역사는 지도자와 민족의 순종, 불순종에 따라 결정됩니다. 세례자 요한은 아브라함의 자손이 되는 것이 율법의 준수 여부에 달려 있다고 생각했습니다. 예수는 율법을 재해석해 그 근원적인 의미를 보여주었습니다. 그는 이를 사랑의 명령이라고 말했습니다. 바울과 야고보의 편지를 포함해 신약 성서의 모든 책은 윤리적 내용으로 가득 차 있습니다. 신비주의적인 분위기, 존재론적 경향에도 불구하고 요한 계열 문헌들의 저자 역시 사랑의 법을 강조하며 이를 무시할 경우 하느님과의 관계가 파괴된다고 이야기하고 있지요.

익숙한 이야기입니다. 하지만 그렇다면 가끔 성서 종교에 등장하는 엄중한 윤리적 내용을 어떻게 이해해야 하는 것일까요? 이를 위해서는 성서의 인격주의가 윤리를 다루는 방식을 알아야 합니다. 인간은 늘 결단해야 합니다. 야훼, 그리스도, 하느님의 나라를 따를지 따르지 말지를 결단해야 합니다. 성서의 윤리는 미덕과 악덕, 법률과 조언, 보상과 처벌의 체계가 아닙니다. 이러한 요소들도 갖고 있습니다만, 중요한 점은 성서에서 윤리는 구체적이고 인격적인 결단이라는 형태로 나타난다는 것입니다. 모든 결단은 긴급합니다. 바로 지금 결단해야 합니다. 결단하면 이는 광범위한 결과를 낳습니다. 이 결단은 언제나 궁극적인 결단, 무한한 무게를 지닌 결단입니다. 이 결단은 인간의 운명을 결정합니다. 이 결단은 민족들의 운명, 선택받은 민족의 운명뿐만 아니라 다른 민족의 운명도 결정합니다. 모든 세대는 의로움을 따를지 말지를, 의로운 하느님을 따를지 말지를 결단해야 합니다. 그리고 선택받은 민족을 포함한 모든 민족에게, 의로움을 거부하는 결정은 자기-파괴를 의미합니다. 어떤 성사적 활동 sacramental activity도, 설령 이를 하느님의 이름으로 행한다 할지라도 정의의 법을 위반한 이를 하느님의 진노에서 구해낼 수는 없습니다. 윤리적 결단은 개인의 운명을 결정합니다. 즉 그의 영원한 운명은 그리스도를 따를지 말지에 달려 있습니다. 심지어 그리스도의 이름을 알지 못하는 이들도 그리스도를 따를지 말지를 결단합니다. 중요한 것은 그리스도가 서 있는 사랑의 법을 따를지 말지를 결단하는 것입니다. 이 법을 따라 행동한다는 것은 종말에 일어날 완성을 받아들인다는 것을 뜻합니다. 이 법을 따르지 않는 것은 종말에 일어날 완성으로부터 배제되어 비존재라는 절망에 빠지는 것을 뜻합니다. 성서의 윤리는 바로 이것입니다. 성서의 윤리는 사람들이 잘못되었다고 여기는 일들은 피하고 옳다고 여기는 일들은 하는 중산층의 윤리와는 아무런 상관이 없습니다. 성서의 윤리는 하느님을 따를 것이냐 말 것이냐는 궁극적 결단의 문제입니다. 성서 윤리는 우리를 인격체로 만듭니다. 성서 윤리가 우리를 궁극적 결단 앞에 세워놓기 때문입니다.

그런데 이렇게도 물을 수 있습니다. 설령 존재론적 물음이 궁극적 관심의 문제라 할지라도 성서 종교의 윤리적 결단과 무슨 상관이 있습니까? 존재론적 원리의 비인격적 특징은 결단하라는 성서 종교의 윤리적 요구와 반대되지 않습니까? 앎을 향한 에로스cros에 사로잡힌 철학자는 하느님이 요구하는 사랑에는 무관심하지 않습니까? 존재론의 궁극적 원리는 선과 악의 구별을 무시하지 않습니까? 존재론의 종교적 배경은 신비로운 참여인 반면, 성서 종교는 윤리적 명령과 윤리적 순종 사이의 거리를 전제하고 있지 않습니까? 존재론은 성서 종교의 조건 없는 윤리적 열정을 제거해 버리지 않습니까? 키에르케고어의 비판, 즉 헤겔은 심미적 단계에 머물며 거리를 두고 이론적 직관을 함으로써 윤리적으로 결단하는 인격을 희생시켜버렸다는 비판은 옳지 않습니까?*

---

* 헤겔과 키에르케고어의 큰 차이점은 정신적 본질과 현실적 실존의 화해 여부이다. 헤겔에게서 정신과 세계는 철학자의 정신 안에서 "주관적 정신(심리학적 측면), 객관적 정신(사회·윤리적, 그리고 정치적 측면), 그리고 절대 정신(예술, 종교, 철학)"이라는 정신적 삶의 여러 형태를 통해 화해에 도달한다. 하지만 키에르케고어는 화해가 이루어지는 것은 본질의 세계이지, 실존의 영역에서는 아니라고 반박했다. 그는 인간에게 세 가지 단계, 심미적·윤리적·종교적 단계가 있다고 말한다. 먼저 심미적 단계는 아름다움을 추구하는 것이 아니라, 모든 것을 떨어져 거리를 두고 보는 단계다. 이 심미적 단계에서 자기의 고립, 타자의 도구화가 행해지는 것과 달리, 윤리적 단계에서는 타자를 향한 자신의

이는 존재론적 사고와 성서 종교의 종합이 불가능할 뿐만 아니라 윤리적으로도 위험하고 거부해야 함을 의미하지 않습니까?

2. 성서적 인격주의와 인간의 사회적 실존

인간의 윤리적 실존에 관련해 이야기한 부분은 인간의 사회적 실존에서도 확인할 수 있습니다. 하느님은 가족, 민족 혹은 국가, 민족 혹은 국가 속 집단, 모든 민족과 국가를 초월한 집단, "하느님의 회중" 즉 교회를 부릅니다. 역사를 통해 이루고자 하는 하느님의 목적은 개체로서의 개인이 아닌, 하느님 나라에 참여하는 이로서의 개인, 하느님 아래 모든 존재자가 이루는 연합에 참여하는 개인을 구원하는 것입니다.

개방이 이루어진다. 마지막으로 종교적 단계는 심미적 단계와 윤리적 단계를 넘어 무한한 열정을 낳게 하는 것과 관계하는 단계다. 이 종교적 단계는 '종교성 A'와 '종교성 B'로 구별된다. '종교성 A'는 소크라테스와 같은 종교적 스승의 예를 통해 보듯이, 인간 안에 있는 진리를 산파술이나 반어법 등을 통해 의식하게 되는 단계이다. 하지만 '종교성 B'에서 진리, 신은 인간 안에 있지 않다. 인간은 소외로 인해 신으로부터 떠나 있다. 인간은 인간 밖에서 주어지는 진리를 통해 도약한다. 이런 진리를 가져다 준 스승이자 구주가 바로 예수다. 키에르케고어는 헤겔의 종합적 정신이 모든 것에서 떨어져서 거리를 두고 바라보고자 하는 심미적 정신이었다고 비판했다. 폴 틸리히, 『19~20세기 프로테스탄트 사상사』, 212~27 참조.

예언자들과 사도들이 집단을 향해 발언하는 이유는 바로 이 때문입니다. 그들은 개인으로서, 각기 다르게 부름받았지만 그들이 전한 메시지는 그들이 속한 민족, 그들이 속한 교회를 향했습니다. 그들이 하느님의 심판과 약속을 제시한 집단에서 그들은 낯선 사람이 아니었습니다. 그들은 자신이 속한 집단의 경험과 전통 가운데서 살아가고 생각하며 이야기했습니다. 그들은 자신이 속한 집단의 상징을 사용했고, 그 집단의 문제들을 다루었습니다. 구약의 예언자들이 과거의 종교를, 예수와 사도들이 구약성서를 폐기하지 않은 것은 바로 이 때문입니다. 이후의 성서주의 운동이 보여준 것 같이, 종교개혁자들이 초대교회를 중시했던 이유도 마찬가지 맥락에서 이해할 수 있습니다.* 예언자들은 공동체에서 쫓겨날지 언정 공동체를 떠나지 않았습니다. 오히려 그들은 전통이 무언가를 망각해 왜곡되어 버렸을 때 이를 반대해 전통을 되살리려 했습니다. 그리하여 그들은 이러한 '반대'를 전통의 요소로 만들었습니다. 예언자들은 새로운 공동체를 만들려고

---

* 종교개혁 이후 17세기 영국에 등장한 성서주의 운동에 관해서는 다음을 참조하라. 후카이 토모아키, 『신학을 다시 묻다』(비아, 2008), 135. 그리고 19세기 유럽 대륙에서 철학과의 관련을 거부하며 발전했던 성서주의 운동에 관해서는 O.W. 헤이크, J.L. 니브, 『기독교 신학사』(대한기독교서회, 1995), 284~287 참조.

하지 않았습니다. 그래서 종종 그들은 자신의 바람과는 다른 행동을 했습니다. 고독solitude을 감내한 것이지요. 이때 고독은 분리로 인한 외로움loneliness이 아니라 자신이 속한 공동체의 몸과 영을 되돌리기 위해 감내해야 하는 것입니다.* 성서 종교는 "하느님의 사람"이 겪는 고독에 관해 자주 이야기합니다. 하지만 그들의 외로움, 그들이 그들을 거절하는 집단에서 분리되는 일에 대해서는 거의 이야기하지 않습니다.

이와 달리 존재론적 물음은 외로움 가운데 일어납니다. 설령 외로운 사상가가 특정 집단의 구성원으로 참여하고 있다 할지라도 말이지요. 많은 철학자가 외로움을 경험했습니다. 헤라클레이토스Heraclitus는 외로움을 경험했습니다. 이는 그를 비관주의자이자 교만한 사람으로 만들었지요. 소크라

---

* 틸리히는 고독solitude과 외로움loneliness을 다음과 같이 구별한다. "본질적 유한성의 상태로 홀로 있음은 인간의 완전한 중심성의 표현이며 "고독"이라고 부른다. 불릴 수 있다. 고독은 타자와 관계하기 위한 조건이다. 고독할 수 있는 자만이 공동체를 가질 수 있다. 고독한 인간은 궁극적인 것의 차원, 즉, 홀로 있는 사람들의 공동체를 위한 참된 기초를 체험할 수 있기 때문이다. 실존적 소외의 상태에서 인간은 궁극적인 것의 차원에서 멀어지고, 홀로 외로움의 상태에 남겨진다. 그러나 이 외로움은 견딜 수 없는 것이다. 이 외로움으로 인해 인간은 외로운 자기를 "집단"에 종속시키는 참여의 형태에 가담하게 된다." Paul Tillich, *Systematic Theology* vol. 2 (Chicago: The University of Chicago Press, 1957), 71~72.

테스Socrates도 외로움을 경험했습니다. 그는 그 외로움을 받아들였으며 그리하여 외로움을 감내하는 용기의 모범이 되었습니다.** 스토아주의자들은 정치 활동을 하는 가운데 어리석은 이들의 세계에서 살아가는 지혜로운 이가 겪는 외로움을 경험했습니다. 스피노자도 외로움을 경험했습니다. 철학자로서 그가 겪은 외로움은 신비주의자들이 겪은 외로움과 유사했습니다. 고대 회의주의자들도 외로움을 겪었습니다. 그들은 사막으로 떠나 다시는 돌아오지 않았지요. 근대 회의주의자들도 외로움을 경험했습니다. 그들은 관용이 없는 편협한 시대를 피해 수많은 가면을 쓰고 자신의 정체를 숨겼습니다. 그들은 그럴 수밖에 없었습니다. 철학자의 창조성은 철저한 의심에서 시작하기 때문입니다. 창조적인 철학자는 자신이 속한 공동체의 전통과 상징뿐만 아니라 당대 사람들이 자연스럽게 여기는 세계관, 당대 "모든 사람"에게

** 틸리히에게 '용기'는 어떤 감정이 아니라 존재론적 개념이다. 존재자에게 있는 유한성이라는 특징은 '불안'을 일으킨다. 불안은 어떤 특정 대상에 대한 '두려움'과 달리 유한성이라는 존재론적 조건으로 인해 발생하는 것이다. '용기'는 이러한 존재론적 유한성, 그리고 이에 따른 불안을 긍정하면서 존재하고자 하는 것을 의미한다. 그리고 틸리히는 존재하고자 하는 용기course to be의 근거로 하느님을 제시한다. 폴 틸리히, 『폴 틸리히 조직신학 1』, 316~317, 438 참조. 그리고 좀 더 집중적으로 '용기'에 대해 다룬 책으로는 다음을 들 수 있다. 폴 틸리히, 『존재의 용기』(예영커뮤니케이션, 2006)

상식으로 자리 잡은 전제를 의심합니다. 그는 진지하게 묻습니다. '왜 무언가는 존재하는가? 왜 무nothing는 존재하지 않는가?' 이를 진지하게 묻는 이는 비존재의 충격을 경험한 사람입니다. 그는 자연과 인간 세상에 존재하는 모든 것을 사유로 초월합니다. 그는 공동체를 지탱하는 신념의 끈들을 (보통은 이를 의도하지 않고서) 끊어버립니다. 그러면 다시 질문할 수 있습니다. 자신을 공동체에 묶어둔 예언자들의 고독과 자신을 공동체로부터 분리한 철학자의 외로움을 연합하는 것은 불가능한 일 아닙니까? 성서 종교에 매여 있든, 철저한 의심에 사로잡히든 우리는 모두 덜 극단적인 형태라도 예언자와 철학자들이 겪은 것과 같은 경험을 하지 않습니까?

오늘날 에로스와 아가페에 관한 논쟁은 바로 이와 관련이 있습니다.* 성서 종교는 신약 성서가 아가페라고 부르는 사랑을 요구하며 제시합니다. 철학은 플라톤 이후 영혼이 궁극

---

* 스웨덴의 신학자 안더스 니그렌Anders Nygren은 자신의 저서 『아가페와 에로스』Agape and Eros에서 아가페를 하느님이 인간을 찾아오는 사랑으로, 에로스를 인간이 하느님을 찾아가는 사랑으로 규정하고 그리스도교에서 이 두 가지 사랑이 어떻게 나타나는지를 살펴보았다. 이러한 사랑의 유형 구분은 이후 바르트, 틸리히, 라인홀드 니버 등을 통해 다양하게 논의되었다. 안더스 니그렌, 『아가페와 에로스』(크리스챤 다이제스트, 2003) 참조.

적 실재를 탐구하는 에로스를 찬미했습니다.** 아가페와 에로스가 서로 배타적이라면 성서 종교와 존재론의 종합은 불가능한 일일 것입니다. 아가페는 구체적이고 개별적이며 고유하고 지금 여기에 있는 것을 추구합니다. 아가페는 인격, 즉 다른 누구, 혹은 무언가와도 바꿀 수 없는 타자를 찾습니다. 타자는 추상화될 수 없습니다. 보편자들(일반 규범에 근거한 도덕적 판단, 무관심과 적대감을 정당화하는 사회적 차별, 타자와의 온전한 공동체를 막는 심리 기제들)이 타자를 거부함에도 불구하고, 타자는 받아들여져야만 합니다. 아가페는 구체적인 것을 삼켜버리려는 보편자의 힘에도 불구하고 구체적인 것을 받아들입니다. 에로스(성서 종교는 이 단어를 쓰지 않습니다)는 보

** 플라톤은 『향연』(Symposium)에서 '에로스'에 관한 논의를 전개했다. 플라톤에 따르면, 모든 인간에게는 아름다운 것에 대한 사랑(에로스)이 있으며 아름다운 것은 좋은 것이다. 사랑은 좋은 것을 소유하려는 욕망이며, 올바르게 추구하면 아름다운 것을 보게 된다. "(디오티마가 물었다.) '그대는 이런 바람 또는 이런 사랑이 모든 사람에게 공통된 것이며, 모든 사람이 좋은 것들을 항상 소유하기를 바란다고 생각하나요? 아니면 어떻게 말하겠어요?' 그래서 내(소크라테스)가 말했지. '그대가 말한 대로 모든 사람에게 공통된 것이죠'" 플라톤, 『향연』, 205a. 그리고 이 에로스에 의해서 사람은 궁극적 인식에 도달하게 된다. "그러니 그대는 정신 바짝 차리고 들으세요. 아름다운 것들을 바른 순서에 따라 제대로 바라보면서 사랑에 관한 연구에서 거기까지 인도되어온 사람은 연구의 최종목표에 다가가면서 도저히 믿을 수 없이 아름다운 무엇을 갑자기 보게 될 것이에요." 플라톤, 『향연』, 210e.

편자들, 영원한 본질들(이데아들)을 직관하는데 이때 구체적인 것은 보편적인 것의 미숙한 모방일 뿐입니다. 에로스는 개별적인 사물과 인격을 초월합니다. 에로스는 구체적인 것을 출발점으로 삼으나 구체적인 것을 초월해 보편자 안에 이를 녹여냅니다. 에로스는 일자the one와의 신비로운 연합으로 완성되며 이 연합 안에서 모든 구체성은 사라져버립니다. 존재론적 열망은 에로스라는 특징을 보입니다. 이와 달리 구체적인 타자를 긍정하는 것은 아가페라는 특징을 보입니다. 그렇다면 이 둘의 연합은 가능한 것일까요? 궁극적 실재 탐구는 신앙과 희망뿐만 아니라 사랑과도 모순되는 것 아닐까요? 사랑을 부정하는 것이 어떻게 성서 종교와 연합할 수 있을까요?

3. 성서 종교에서 신앙과 죄

성서에서 인간의 윤리적 실존과 사회적 실존은 그의 종교적 실존에 근거합니다. 이 종교적 실존을 성서는 '신앙'faith이라고 말하지요. 신앙은 궁극적 관심에 사로잡힌 상태입니다. 오직 우리 존재, 의미의 근거인 것에만 우리는 궁극적인 관심을 가질 수 있습니다. 달리 말하면 신앙은 우리 삶의 궁극적인 기원과 목적에 관한 관심입니다. 이는 온 인격을 발

휘해 기울이는 관심입니다. 신앙은 인격으로서 인간에게 가
장 중요한 관심이며 다른 관심들을 결정하는 관심입니다. 이
책에서는 오직 이러한 의미로만 '신앙'이라는 말을 사용합
니다. 누구도 우리에게 신앙을 강요할 수 없습니다. 그렇다
고 우리가 신앙을 갖고 싶다고 해서 가질 수 있는 것도 아닙
니다. 우리는 신앙에 사로잡힙니다. 성서 용어를 빌려 말하
면 우리 영 안에서 활동하는 하느님의 영이 신앙을 빚어냅니
다.* 이러한 신앙 개념은 대중이 알고 있는 신앙과는 아무런
관련이 없습니다. 대중은 신앙이 믿을 수 없는 것을 믿는 것,
신뢰하는 권위에 복종하는 것, 일정한 대가를 치르고서라
도 개연성은 있으나 확실하지 않은 것을 받아들이는 것이라
고 생각합니다. 이러한 생각들은 존재론과 성서 종교가 연결
되지 못하게 가로막습니다. 신학자들은 이러한 대중의 오해
를 바로잡아야 할 책임이 있으며, 철학자들과 과학자들은 종

---

* "그러므로 나는 여러분에게 알려드립니다. 하느님의 영으로 말하는
  사람은 아무도 "예수는 저주를 받아라" 하고 말할 수 없고, 또 성령
  을 힘입지 않고서는 아무도 "예수는 주님이시다" 하고 말할 수 없습
  니다." (1고린 12:3). 틸리히는 고린토인들에게 보낸 첫째 편지 12:1~11
  을 본문으로 한 '신학자'라는 설교에서 인간의 영/정신spirit으로는 '나
  는 예수를 그리스도로 받아들입니다'라는 고백을 할 수 없고, 이 고
  백은 오직 하느님의 영에 의해서만 가능하다고 역설했다. Paul Tillich,
  'Theologian', *The Shaking of the Foundations* (Victoria: Penguin Books, 1962),
  122~125 참조. 『흔들리는 터전』(뉴라이프)

교에 대한 가장 흔한 왜곡(신앙에 대한 주지주의적, 주의주의적 왜곡) 때문에 종교를 비난하는 일을 그쳐야 합니다.* 하지만 누군가는 이렇게 물을지도 모르겠습니다. 신앙이라는 개념이 그토록 자주, 철저하게 왜곡된다면, 심지어 신학자들, 설교자들이 전하는 설교와 가르침에도 그 왜곡의 책임이 있다면, 이러한 왜곡으로 귀결될 수밖에 없는 요소가 성서적 신앙 개념에 이미 있는 것 아닙니까? 이러한 상황의 원인은 결국 성서적 신앙의 인격주의 때문이지 않습니까? 성서 종교와 자율적 이성의 종합을 가로막는 것은 결국 성서 종교의 특징인 인격주의 아닙니까?

성서적 관점에서 신앙은 온 인격의 행위입니다. 지성, 감정, 의지가 신앙에 참여합니다. 신앙은 자기-포기self-surrender, 순종, 동의의 행위입니다. 신앙에는 이 요소들이 있어야 합니다. 동의와 순종 없는 감정의 포기는 인격의 중심에서 나온 행위가 아닙니다. 이는 결단이 아니라 강요에 의한 행동입니다. 감정의 참여 없는 지적 동의는 종교적 실존을 비인격적인 지적 행위로 왜곡합니다. 지적 동의와 감정 없는 의

---

* 이러한 신앙의 왜곡에 관해서는 다음을 참조하라. Paul Tillich, *Systematic Theology* vol. Ⅲ(Chicago: The University of Chicago Press, 1963), 130~134. 그리고 이를 좀 더 집중적으로 다룬 책으로는 다음을 들 수 있다. 폴 틸리히, 『믿음의 역동성』(그루터기 하우스, 2005)

지의 순종은 그에게서 인격을 박탈하고 노예 상태에 머물게 만듭니다. 신앙은 인간 정신의 특별한 기능들을 연합하고 이를 초월합니다. 신앙은 인격으로서 인간이 할 수 있는 가장 인격적인 행위입니다. 하지만 인간 정신의 각 기능은 일종의 제국주의로 흐르는 경향이 있습니다. 즉, 각 기능은 홀로 있으면서 다른 기능들을 지배하려 합니다. 심지어 성서 종교에서도 이런 모습이 나타납니다. 때로 신앙은 감정에 지배당한 황홀경으로 치부되기도 하고, 단순히 도덕적인 순종으로 여겨지기도 하며, 때로는 권위에 대한 지적 복종으로 간주되기도 합니다.

성서적 신앙은 공동체, 민족, 교회의 신앙입니다. 이 신앙에 참여하는 이는 성서적 신앙의 상징과 의례라는 표현에 참여해야 합니다. 불가피하게 신앙 공동체는 다른 공동체와의 차이를 드러내고 동시에 자신을 왜곡으로부터 보호하는 명제들로 자신의 지적 토대를 정식화해야 합니다. 신앙 공동체의 구성원이 된 이는 신앙의 명제들, 공동체의 신조를 받아들여야 합니다. 공동체의 구성원이 되기 전에 신앙의 명제들, 신조의 내용에 동의해야 합니다. 이 동의는 참된 자기-포기의 표현일 수 있습니다. 하지만 단순한 지적 동의일 수도 있고 그리하여 신앙을 지적 행위로 격하하는 것이 될 수도 있습니다. 분명, 이러한 맥락에서 '신앙'이라는 용어의 의미는 바뀔 수 있습니다. 무조건적인 관심에 사로잡힌 상태를 가리키는 말이 아닌, '그리스도교 신앙', '교회의 신앙', '우리 신앙의 보존', 혹은 고전적인 용어로 '믿음의 내용을 믿는 신앙'fides quae creditur*과 같은 말들이 가리키는, 일련의 교리들을 받아들이는 것이 될 수 있습니다. 성서 종교는 이러한 방향으로 전개되는 경향이 있습니다. 그러한 경향이 있을 수밖에 없습니다. 성서 종교는 공동체의 종교, 초대 교회의 종교이기 때문입니다.

여기서도 질문을 제기할 수 있습니다. 지금까지 논의한 내용이 사실이라면 성서 종교는 어떻게 존재론의 특징인 근원적인 진리 탐구, 철저한 의심과 종합을 이룰 수 있습니까? 신앙을 파괴하는 일, 무엇이든 믿음을 따라 동의하지 않게 만드는 일이야말로 정직한 철학의 조건 아닙니까? 존재론은 인간 이성의 힘을 통해, 비판과 거리 두기의 태도(이는 수용과 자기-포기의 정 반대편에 있습니다)를 통해 발전하지 않습니까? 존재론적 탐구는 인격을 고려하지 않는 객관적 태도를 요구

---

* '피데스 쿠아 크레디투르'fides qua creditur는 하느님의 계시를 수용하는 신자의 주관적 믿음을, '피데스 쿠아이 크레디투르'fides quae creditur는 하느님의 계시라고 수용된 신앙의 객관적 내용을 가리킨다.

한다는 측면에서 성서의 인격주의와 모순되지 않습니까? 존재론이 신앙을 대체한다면 존재론이 성서 종교 전체를 대체하는 것 아닐까요?

잠시, 성서 종교의 중심 개념인 죄에 관해 간략하게 살펴보겠습니다. 종교에서 죄는 신앙과 정반대되는 개념입니다. 죄는 불신앙, 하느님으로부터 소외된 상태, 하느님으로부터 도피, 하느님에 대한 반역, 잠정적 관심을 궁극적 관심의 위치로 격상시키는 것입니다. 인간이라는 존재의 모든 부분은 죄에 매여 있습니다. 인격의 중심이 하느님으로부터 소외되어 있기 때문이며, 결과적으로 인간의 참된 본성으로부터 소외되어 있기 때문입니다. 이는 감정, 의지뿐만 아니라 지성도 마찬가지입니다. 현실에서 인간의 지성, 감정, 의지는 모두 왜곡되어 있습니다. 인간의 지적인 힘은 도덕적 힘만큼이나 왜곡되어 있으며 연약합니다. 지성, 감정, 의지 중 어떤 것도 인간을 하느님과 다시 연합하게 할 수 없습니다. 성서 종교에 따르면 인간은 도덕적인 노력을 기울인다고 해서 궁극적 선함에 도달할 수 없으며 지적 노력을 기울인다 해서 궁극적인 진리에 도달할 수 없습니다. 이는 오히려 소외를 더 깊게 만들 뿐입니다. 바울, 아우구스티누스Augustine, 루터 Martin Luther는 모두 이를 이야기했습니다. 오직 신앙의 상태에서 선함과 진리에 참여하는 이만이 진리의 규범들을 따라 행동할 수 있습니다. 참여가 행위와 사고보다 우선합니다. 참여를 통해 우리는 죄, 혹은 소외가 극복된 새로운 존재를 받아들이기 때문입니다. 신앙은 바로 궁극적 관심에 참여하는 것입니다. 화해와 새로운 존재를 받아들임으로써 죄를 극복하는 신앙이 궁극적 실재를 탐구하는 것, 진리 자체를 탐구하는 것보다 선행해야 한다는 것입니다. 새로워진 상태에서만 우리는 존재 자체에 이를 수 있습니다.

존재론은 이성이라는 능력을 사용합니다. 존재론은 죄와 구원에 관한 물음을 던지지 않습니다. 존재론은 근원적인 이성과 왜곡된 이성을 구별하지 않으며 새롭게 된 이성을 상상하지도 않습니다. 존재론은 현재 상태에서 출발해 존재 자체를 향해 나아갈 뿐입니다. 성서는 종종 철학을 비판합니다. 철학이 이성을 사용하기 때문이 아니라 하느님을 알기 위해 거듭나지 않은 이성을 사용하기 때문입니다. 그러나 하느님을 알게 해주는 것은 오직 하느님의 영뿐입니다. 하느님에게 사로잡힌 이들, 신앙의 상태에 있는 이들만이 하느님을 알 수 있습니다. 다시 한번, 질문이 제기됩니다. 존재론과 성서 종교라는 서로 대립하는 방법들을 연합하는 방법은 없을까요? 이 물음에 대한 답은 '갈등은 해결되지 않는다'로 보입니다. 주관적인 측면을 보아도, 객관적인 측면을 보아도 성서 종교는 존재론과 양립할 수 없는 것처럼 보입니다.

많은 사람은 이 갈등을 해결하지 못한 채 한 쪽 방향으로 치우친 결과를 끌어냅니다. 여기에는 성서 종교를 완전히 거부하는 길도 있지요. 이해할 만합니다. 이 길을 택하는 이들은 자신들이 존재의 깊이에서 지적이고 도덕적인 양심을 따라 존재와 비존재에 관한 물음이라는 근원적인 물음을 던지도록 요구받고 있다고 생각합니다. 그렇기에 그들은 존재론적 물음을 금하는 종교를 섬기기보다는 차라리 이단자나 이교도가 되는 길을 택합니다. 반대로, 존재론적 물음을 회피할 수도 있습니다. 많은 신실한 그리스도교인이 이를 택하고 있지요. 마찬가지로 이해할 만한 일입니다. 존재론적 물음은 자신들이 보기에 가장 신성한 것, 무한한 의미가 있는 것을 의심하게 만들기 때문입니다. 하지만 우리는 어떤 길도 받아들여서는 안 됩니다. 저는 두 길 모두 진리를, 결과적으로는 하느님을 섬기는 길이 아니라고 믿습니다. 그러나 제3의 길을 걷고자 한다면, 제3의 길이 가능한지 의심하는 이들의 반응에 대비할 필요가 있겠지요.

슐라이어마허Friedrich Schleiermacher, 헤겔, 그리고 19세기 자유주의가 시도한 그리스도교와 근대정신의 위대한 종합이

붕괴한 이후 사람들은 무기력해졌고 그 어떤 대안도 받아들일 수 없는 상태에 놓이게 되었습니다. 많은 시도가 실패하자 너무 실망한 나머지 다른 종합을 시도하려 하지 않았지요. 그러나 다른 선택은 있을 수 없습니다. 우리는 다시 도전해야 합니다. 성서 종교의 태도와 개념들은 궁극적 실재 탐구와의 종합을 허용할 뿐 아니라 요구하기 때문입니다. 그리고 존재론적 사고 또한 성서 종교가 관심을 기울이는 바를 향해 자신을 열 필요가 있기 때문입니다.

4. 신앙, 의심, 그리고 존재론적 물음

이를 염두에 두고 신앙과 의심의 관계를 살펴봅시다. 여기서 우리는 가장 중요한 결정, 어떤 의미에서는 모든 것을 결정하는 결정을 내릴 것입니다.

앞서 저는 철학자의 태도에 존재하는 두 요소, 이론적 요소와 실존적 요소를 다루며 이 결정을 내리기 위한 예비 작업을 진행한 바 있습니다. 합리성과 열정의 연합, 거리두기와 참여의 연합에 관해 이야기했지요. 인간은 존재와 비존재 사이에 서 있습니다. 자신이 유한함을, 그러면서도 무한에 속해 있음을 인간은 깨닫습니다. 그렇기에 인간은 존재 물음을 던집니다. 인간은 존재에 관해 무한한 관심을 갖고 있습니다. 자신의 실존이 이 물음과 관련이 있기 때문입니다. 지금까지 살펴보았듯 신앙 역시 무한한 관심입니다. 신앙은 궁극적 관심에 사로잡힌 상태입니다. 궁극적 실재에 대해 질문하는 인간과 신앙의 상태에 있는 인간, 이 두 인간은 그들의 관심이 무조건적이라는 점에서 동일합니다.

여기서 한 걸음 더 나아가 봅시다. 두 궁극적 관심은 따로 있을 수 없습니다. 따로 있다면 둘 중 하나는 궁극적이지 않거나 둘 모두 실제로는 궁극적이지 않은 것이겠지요. 현실에서는 어느 하나가 다른 하나를 포함합니다.

신앙인은 궁극적으로 무엇이 진실로 궁극적인지에 대해 관심합니다. 즉 자신의 존재와 의미의 근거에 관심을 기울이는 것이지요. 이러한 면에서 신앙인은 암묵적으로 궁극적 실재에 대한 질문을 던지고 있다고 할 수 있습니다. 모든 그리스도교인이 그러하듯 신앙인은 자신의 궁극적인 관심을 드러내는 상징들 속에 궁극적 실재에 관한 물음의 답이 있다고 가정합니다. 신앙인으로서 그는 존재론적 탐구에 관심을 기울이지 않습니다. 그는 진리에 관심이 있습니다. 그리고 이는 그가 궁극적 실재에 관심이 있음을 뜻합니다. 하느님이 궁극적 실재라면 하느님은 우리의 무조건적 관심의 대상일수 있습니다. 이때만 우리는 하느님 앞에서 자기를 내려놓고, 그분에게 순종하며, 그분의 가르침에 동의할 수 있습니다. 그것이 무엇이든 잠정적 실재에 대한 신앙은 우상숭배입니다. 이때 신앙은 잠정적 관심을 기울이는 대상에 궁극성을 부여합니다. 명백하든 명백하지 않든 신앙은 존재론적 물음을 품고 있습니다.

교회는 초기부터 이를 알았으며 헬레니즘 세계의 존재에 대한 관심과 만난 순간 이 물음을 분명하게 표현했습니다. 바로 이 때문에, 우리는 리츨Albrecht Ritschl과 하르낙Adolf von Harnack이 상세하게 설명한 특정 형태의 성서주의biblicism를 받아들여서는 안 됩니다. 그들은 초대 교회가 궁극적 실재 탐구를 긍정적으로 대함으로써 성서 종교를 배신하게 되었다고 비판했습니다.* 하르낙은 성서 종교의 기초 위에서 존재 물음을 받아들인 것을 두고 '복음의 헬라화'라고 불렀습니다. 하지만 하르낙의 생각과는 달리 '복음의 헬라화'는 복음을 헬레니즘 세계에 전해야 했기에 일어난 일만은 아닙니

---

* 19세기의 대표적 신학자인 아돌프 폰 하르낙은 그의 대표 저서『교리사』에서 리츨을 따라 신앙을 의지의 문제로 환원했고, 신앙을 교리와 구분하였다. 그래서 그는 고대 교회에 성립된 교리들을 지성적인 그리스 정신의 산물로 간주하여, 교리를 거부했다. 그는 "교리란 그 개념과 발전에 있어서 복음을 바탕으로 한 그리스 정신의 업적"이라고 주장했다. O. W. 헤이크. J. L. 니브,『기독교신학사』, 287~298 참조.

다. 그리스 정신이 발견한 존재 물음이 보편적으로 적절했기 때문에 반드시 응해야만 하는 일이었습니다. 존재 물음은 인간이 처한 상황 자체를 표현한 것입니다. 그러한 면에서 초대 교회의 구체적인 해결책은 설령 의심스러워 보여도 옳았습니다. 그리고 19세기 비평가들이 행한 전통 교리에 대한 과감한 분석이 아무리 성공적이고 위대한 일이라 할지라도, 그러한 면에서 우리는 그들에게 감사를 표해야 마땅하다 할지라도 그들은 틀렸습니다.

신앙은 존재 물음을 포함합니다. 하지만 누군가는 여전히 물을 수 있습니다. 존재론은 신앙인 안에 있는 이질적인 요소 아닙니까? 존재론의 정체가 분명히 드러나면 존재론은 자신의 가장 강력한 무기인 의심으로 신앙을 파괴하지 않습니까? 신앙은 존재론을 가둬두고 결코 밖에 나오지 못하게 막아야 하는 것 아닙니까? 좀 더 현실적으로 이야기해 보자면, 교회는 로마 교회가 그랬듯 자신의 권위를 내세워 일정한 한계 안에서만 신자들이 궁극적 실재 탐구를 추구할 수 있게 해야 하는 것 아닙니까?

이 질문은 신앙과 의심의 관계에 대한 근본적인 질문입니다. 하지만 신앙과 의심은 본질상 서로 모순되지 않습니다. 신앙은 신앙 자체와 신앙 안에 있는 의심, 이 둘 사이에서 계속 일어나는 긴장입니다. 이 긴장이 언제나 갈등으로 이어지지는 않습니다. 하지만 늘 잠복해 있습니다.* 이를 통해 우리는 신앙과 논리적 증거, 과학적 개연성, 전통주의적 자기 확실성, 질문을 가로막는 권위주의를 구별합니다. 신앙은 무조건적인 것에 대한 깨달음과 불확실성이라는 위험을 감내하는 용기를 모두 아우릅니다. 신앙은 '부정'의 불안에도 불구하고 '긍정'을 말합니다. 신앙은 의심이라는 '부정', 의심이라는 불안을 제거하지 않습니다. 신앙은 의심의 침입을 막는 성을 쌓지도 않습니다(신앙이 신경질적으로 왜곡되었을 때만 그런 일을 합니다).

오히려 신앙은 의심이라는 '부정', 불안정성이라는 불안을 자기 안으로 받아들입니다. 신앙은 자신뿐만 아니라 자신에 대한 의심을 끌어안습니다. 그러므로 신앙은 신앙과 함께, 철저한 의심을 전제조건으로 하는 존재 물음으로 이루어집니다. 그렇기에 신앙은 궁극적 실재에 대한 자유로운 탐구를 두려워할 필요가 없습니다. 교회의 일정한 제약 아래서만 존재론을 유지할 필요도 없습니다. 개신교Protestant로 드러나든

---

* 틸리히 신학에서 '잠정적'preliminary과 '잠복적'latent은 다른 개념이다. '잠정적'은 궁극적인ultimate 것으로 나아가는 중간단계를 의미하며, '잠복적'은 존재하기는 하지만 아직 '현현하지'manifest 않은 상태를 의미한다.

성서 종교로 드러나든 신앙은 본성상 저항적protestant입니다.

철학자도 '부정'과 '긍정'을 하나로 묶어야만 하는 상황에 처해 있습니다. 앞에서 이야기했듯 무언가에 대해 묻는다는 것, 무언가를 요구한다는 것은 그 대상을 갖고 있음과 동시에 갖고 있지 않음을 전제합니다. '존재'가 무엇을 의미하는지 철학적으로 전혀 알고 있지 못하다면 우리는 존재 물음을 던질 수조차 없습니다. 모든 이는 존재에 참여하고 있습니다. 그리고 모든 이는 존재자들(다른 사람, 사물, 사건, 본질)을 만날 때 존재를 경험합니다. 동시에 모든 사람은 비존재에 참여하고 있습니다. 분열, 죽음, 죄책감, 의심에 사로잡힐 때 모든 이는 비존재를 경험합니다.

바로 이러한 상황 가운데서 철학자는 궁극적 실재를 찾습니다. 신앙인처럼 철학자도 경험들과 상징들로 이루어진 명확한 세계를 살아갑니다. 그는 경험들과 상징들에 매이지 않지만, 그것들로부터 완전히 분리되어 있지도 않습니다. 철학자는 자신이 무엇을 진실로 알고 있는지를 의심합니다. 그러나 그는 자신이 알고 있는 무언가를 기초 삼아 의심합니다. 먼저 무언가를 '긍정'하지 못하면 '부정'은 불가능합니다. 이러한 맥락에서 철학자는 갖고 있지 않으면서 갖고 있고, 신앙은 갖고 있으면서 갖고 있지 않습니다. 그렇기에 존재론은 성서 종교를, 성서 종교는 존재론을 발견합니다. 이제부터는 이러한 관점을 바탕으로 존재론과 성서 종교가 만나는 다양한 지점을 살피고 연결해보도록 하겠습니다.

VII

성서 종교의 주관적 측면에 포함되어 있는 존재론적 문제들

1. 전체 회심과 지성의 회심

앞 장에서 우리는 이 책의 전환점, 즉 '성서 종교와 존재론에서 신앙과 의심의 문제'에 도달했습니다. 그전까지는 성서 종교와 존재론의 근본적인 차이, 첨예한 갈등 지점을 제시했지만, 앞 장에서는 둘의 구조적 동일성을 보여주었지요. 서로 갈등하고 있는 성서 종교와 존재론이 어떤 면에서 유사한지를 처음으로 드러낸 것입니다. 성서 종교와 존재론 모두를 추동하는 힘은 결국 궁극적 관심입니다. 성서 종교와 존재론에서 용기라는 '긍정'은 의심이라는 '부정'을 받아들입니다. 성서 종교를 믿음으로써, 존재론 탐구를 함으로써 구체적 경험과 상징에 참여하는 가운데 우리는 물음과 대답에 대한 내용을 받습니다. 성서 종교를 통해 우리는 자기-포기를 하게 됩니다. 존재론을 통해 우리는 탐구를 하게 됩니다. 둘 모두를 움직이는 것은 존재의 힘에 대한 궁극적인 신뢰입니다. 이러한 구조의 유사성은 성서 종교와 존재론이 서로를 향해 자신을 열게 해줍니다. 성서 종교와 존재론은 모두 '긍정'과 '부정', 존재와 비존재의 경계선에 서 있습니다. 진리를 향한 궁극적 관심은 궁극적 실재 탐구를 지향하게 합니다. 이 관심은 자신의 인격적 실존(자신의 존재, 보편적 존재에 관해 물음을 물을 수 있는 존재자로서의 실존)에 대한 궁극적 관심의 일부입니다.

이제 이러한 분석을 바탕으로 처음에는 화해할 수 없는 것처럼 보였던 성서 종교와 존재론의 갈등을 다시 검토해 봅시다. 먼저 인간 상황에 대한 성서의 시각, 성서의 인격주의와 존재론의 주요 특징을 다시 살펴보겠습니다.

신학의 관점에 따르면 이성은 유한하기에 무한자를 파악할 수 없을 뿐만 아니라 무한자의 본질인 선goodness에서 소외됩니다. 인간이 지닌 모든 능력과 마찬가지로 이성도 소외라는 속박 아래 있습니다. 인간의 어떤 부분도 죄라는 보편적인 운명에서 제외되지 않습니다. 인간의 영적 삶, 그리고 하느님을 아는 문제와 관련해 이야기하자면 이성은 눈이 멀어 하느님을 알아보지 못하게 되었습니다. 인간의 영 안에 있는 하느님의 영이 계시를 통해 현존함으로써 이성의 눈이 열려야 합니다. 이런 일이 일어날 때만 인간의 이성은 진리를 받아들일 수 있습니다.

이와 놀랍도록 유사한 생각이 철학사에도 등장했습니다. 궁극적 실재를 탐구한 위대한 사람들은 성서와 대단히 유사한 방식으로 말했습니다. 모든 철학자는 일상에서 이루어지는 사고를 가리킬 때 '맹목(눈멀음)'blindness이라는 말을 썼습니다. 그들은 평상시에 통용되던 세계관의 잠에서 깨어나는 경험, 존재 물음과 관련해 무언가를 갑자기 깨닫게 되는 경험, 과거에 머물고 있던 표층을 돌파하게 되는 경험을 일종의 종교적 회심처럼 묘사했습니다. 빛에 눈을 뜬 사람들은 열정적으로 궁극적 실재 물음을 물었습니다. 그들은 물음을 묻지 않는 이들과 다릅니다. 플라톤이 묘사했듯 그들은 더는 동굴의 그림자에 얽매이지 않습니다. 그들은 해방되었고 참된 실재를 볼 수 있습니다. 그들은 구원하는 변혁, 자신들에게 빛을 비추는 계시를 체험했습니다. 이런 사건이 그들에게 일어났기에 그들은 궁극적 실재 물음을 진지하게, 성공적으로 물을 수 있습니다. 존재론은 회심, 눈을 뜨게 되는 체험, 계시

경험을 전제로 합니다. 존재론에서 중요한 것은 거리를 두고 관찰하기, 분석, 가설이 아닙니다. 궁극적 실재에 사로잡힌 이, 궁극적 실재에 실존적인 관심을 기울이는 이만이 궁극적 실재에 관해 유의미하게 말할 수 있습니다. 이런 의미에서 철학자들에게도 신앙이 있습니다. 물론 이때 신앙은 정해진 교리를 믿는 신앙(이는 신앙이 아니라 신념belief입니다)이 아니라, 궁극적 실재에 사로잡힌 상태를 가리키는 말로서의 신앙입니다. '철학적 신앙'philosophical faith이라는 말을 쓸 수 있다면, 그 말은 '궁극적 실재에 대한 신앙', 지혜를 사랑하는 활동인 철학의 참된 대상에 대한 신앙이라는 의미로 써야 합니다.

분명 철학적 회심, 철학적 신앙은 성서 종교의 회심, 성서 종교의 신앙과 동일하지 않습니다. 성서 종교의 신앙은 인간의 정신적 삶과 관련된 모든 기능, 인간의 전체 인격과 관련이 있습니다.* 신앙에서 지성은 다른 것보다 우월하지 않습니다. 물론 철학적 회심과 철학적 신앙 역시 지성으로 한정되지는 않습니다. 지성이 실존 가운데 수행된다면 이는 다른 기능들과 분리될 수 없기 때문입니다. 철학적 회심은 철

---

* 인간의 정신적 삶에는 자기-통합, 자기-창조, 자기-초월의 기능이 있으며, 각각의 기능은 도덕, 문화, 종교와 연결된다. Paul Tillich, *Systematic Theology* vol. 3 (Chicago: The University of Chicago Press, 1964), 제4부 참조.

학자의 생각뿐만 아니라 그의 존재도 변화시킵니다. 그러나 철학적 회심에서 철학자의 존재는 배경으로 남는 반면, 종교적 회심에서 회심자의 존재는 전면에 있습니다. 그러므로 종교적 회심은 더 포괄적입니다. 종교적 신앙이 존재론적 깨달음의 가능성을 품고 있듯, 종교적 회심은 철학적 회심의 가능성을 품고 있습니다. 물론 모든 이에게 이 가능성이 현실화되지는 않습니다. 그 가능성을 현실화하는 이는 소수이지요. 하지만 가능성은 모두에게 존재합니다.

2. 은총의 윤리와 결단의 윤리

인간은 결단해야 합니다. 그리고 하느님과 인간 사이에는 간극이 있습니다. 인간의 윤리적 실존에는 이와 같은 두 측면이 있습니다. 앞서 존재론과 성서 종교의 윤리적 특징을 연결했을 때 이 둘의 갈등은 해결할 수 없는 것처럼 보였습니다. 성서는 양쪽에 내재하는 문제를 알고 있습니다. 우리는 결단합니다. 우리는 우리가 결단할 수 있다고 믿습니다. 하지만 결단을 내린 후 그 결단을 내린 것은 우리 자신의 힘이 아니라 우리를 통한 힘이었음을 깨닫습니다. 우리가 본질상 무엇인지, 그리하여 우리가 무엇을 해야 하는지를 '우리'가 결정한다면 이는 은총에서 벗어난 결정일 것입니다. 우리가 우리의 본질과 반대되는 결정을 한다면, 이는 우리가 마성적인 영들에 사로잡혀 내린, 혹은 마성적인 영들로 인해 내린 결정일 것입니다. 루터가 말했듯 인간은 하느님이 올라탄 말, 혹은 악마가 올라탄 말과 같습니다. 그러나 성서도, 어떤 종교개혁자도 이러한 상황 때문에 인간에게는 책임이 없다거나 인간에게는 무언가를 결정할 수 있는 자유가 없다고 보지 않았습니다. 이 상황은 심오한 존재론의 문제(자유와 운명이라는 문제)를 품고 있습니다. 바울은 한편으로는 하느님이 모든 구원 과정을 이끌고 있음을 강조하고 다른 한편으로는 인간이 자신의 구원을 이루기 위해 애써야 한다고 이야기했습니다. 이러한 바울의 이야기를 설명하려는 신학자는 설령 바울이 '자유'나 '운명'이라는 단어를 쓰지 않았다 하더라도 '자유'와 '운명'이라는 단어를 쓰게 됩니다.* 이런 말들을 (암묵적으로라도) 쓰는 신학자는 그 말들의 참된 의미를 알아야 하며 이들이 속한 존재의 구조를 기술해야만 합니다. 앞에서 자유는 윤리와 관련된 개념처럼 보이고 운명은 존재와 관련된 개념처럼 보인다고 이야기한 바 있습니다. 하지만 은총이라는 개념은 둘을 그런 식으로 이해하지 않게 해준다고

---

* '자유'와 '운명'이라는 존재론적 범주들에 관해서는 다음을 참조하라.
 폴 틸리히, 『폴 틸리히 조직신학 1』, 298~304.

도 이야기했지요. 자유와 운명은 윤리에도 속하고 존재론에도 속합니다. 죄와 은총이라는 종교적 상징은 자유와 운명이 자신을 초월해 서로 연합할 수 있게 해줍니다. 이는 개인뿐만 아니라 (좀 더 제한적이기는 하나) 집단, 종국에는 세계사 전체에도 마찬가지로 적용됩니다.

윤리의 측면에서 존재론과 성서 종교가 갈등하는 또 다른 지점은 참여와 순종의 갈등입니다. 존재의 근거에 대한 존재론적 깨달음은 참여를 전제합니다. 성서 종교에서 윤리적 상황은 명령하는 자와 순종하는 자의 분리를 전제하며 순종을 요구합니다. 성서 종교는 이 문제를 감지하고 '사랑의 법'law of love으로 다루었습니다. 이 말은 참여와 거리 두기의 갈등을 품고 있습니다. '사랑의 법'은 법입니다. 그 법은 '나' 위에 있을 수도 있고 '나'와 대립할 수도 있습니다. 그러나 '사랑의 법'은 '사랑'의 법입니다. 사랑은 분리된 것을 연합시키는 힘입니다. 성서적 그리스도교, 고전 그리스도교, 신비주의 그리스도교는 다음과 같은 주장에 동의합니다. 즉 인간이 온전해지기 위해서는, 혹은 온전한 인간이 가능하기 위해서는 하느님과 연합해야 하며 하느님을 향한 사랑으로 나아가야 합니다. 이 사랑은 인간을 향한 하느님의 사랑에 대한 인간의 응답입니다. 하느님의 뜻과 일치를 이룬 인간은 의지를 발휘해 행동합니다. 어떤 법이 명령하는 것보다 더 많이 말이지요. 이때 행동은 명령과 순종의 관계에서 나온 것이 아닌 참여에서 나오는 행동입니다. 하느님의 존재(사랑의 존재)에 참여하지 않는 이는 하느님의 존재를 따라 행동할 수 없습니다. 선 그 자체에 참여하지 않는 이는 선할 수 없습니다. 바울에 따르면 이 참여는 영, 우리에게 역동적으로 현존하는 하느님에 의해 이루어집니다. 이 참여가 없다면 우리는 하느님을 알 수도 없고 사랑할 수도 없습니다. 참여를 통한 연합은 존재론의 측면이고 거리 두기에 따른 순종은 종교적 윤리의 측면이라는 말은 잘못되었습니다. 양쪽 측면 모두 존재론적이고 윤리적입니다. 사랑이라는 개념은 두 측면을 연합하고 초월합니다. 그렇기에 우리에게는 사랑의 윤리뿐만 아니라 (아우구스티누스를 따라) 사랑의 존재론도 필요합니다. 사랑과 법의 관계를 설명하고자 하는 사람은 누구든지 참여와 개체화라는 존재론의 기본 범주를 사용해야 합니다.* 그리고 그는 본질적 존재와 실존적 존재 사이의 존재론적 갈등(이 갈등이 없다면 우리가 법과 대립하는 일은 일어나지 않겠지요)을 전제

---

* '개체화'와 '참여'라는 존재론적 범주들에 관해서는 다음을 보라. 폴 틸리히, 『폴 틸리히 조직신학 1』, 286~291.

해야 합니다.** 누군가 신학을 할 때 철학 용어를 피하려 할 수도 있습니다. 하지만 그런 사람도 자신이 쓰는 용어들의 범주는 알고 있어야 합니다.

3. 성서 종교와 존재론에서 나타나는 고독과 사랑

앞에서는 철학자의 외로움과 예언자의 고독을 비교했고 궁극적 실재로 향해 나아가게 만드는 에로스와 성서 종교의 아가페를 비교했습니다. 그러나 이는 성서 종교와 존재론의 관계라는 문제에 대한 최종 해결책은 아닙니다. 예언자와 모든 종교적 인간 역시 자신이 속한 공동체에서 물러남으로써 일어나는 고독뿐만 아니라 궁극적 상황과 맞닥뜨리게 될 때 일어나는 외로움을 알고 있습니다. 종교적 인간에게도 동료 인간, 하느님, 자기 자신에게 버림받았다고 느끼는 순간이 있습니다(종교 문학 작품들은 이러한 순간들을 끊임없이 묘사합니다). 이때 그에게는 자신이 속한 공동체가 가진 전통들과 상징들이 무의미해 보입니다. 그는 유한성, 참여의 한계, 자기가 속한 세계의 비실재성을 깨닫습니다. 그는 자신이 죽을 수밖에 없다는 사실, 자신이 저지른 죄로 인해 외로움을 느

** '본질적 존재'와 '실존적 존재'의 존재론적 갈등에 관해서는 다음을 보라. 폴 틸리히,『폴 틸리히 조직신학 1』, 329~333.

낍니다.

한편, 철학자가 항상 외로움만 느끼는 것은 아닙니다. 철저한 물음을 물으며 의도적으로 떨어져 나왔던 집단으로 그는 다시 돌아갑니다. 모든 고전 철학자들은 자신의 통찰을 자신이 본래 속한 집단에 전하려 했습니다. 종종 그들은 예언자들처럼 신화와 도덕, 관습과 편견을 열정적으로 비판했습니다. 궁극적 실재를 탐구한다고 해서 철학자들이 함께 살아가는 이들의 곤경에 무감각한 것은 아닙니다. 그들은 동시대인들이 처한 상황에 예언자처럼 분노했고, 절망했으며 희망을 제시했습니다. 어떤 철학자들은 예언자처럼 순교하기도 했습니다. 신앙에 사로잡힌 이와 궁극적 실재 탐구를 하는 이는 사람들이 귀가 있지만 듣지 못하며 눈이 있지만 보지 못함을 깨닫는 경험을 합니다. 관습적인 이론과 실천만을 따르는 평범한 이들에게 존재론은 성서 종교만큼이나 걸림돌입니다. 그렇기에 존재론적 메시지와 종교적인 메시지를 평범한 사람들에게 전해야 하는 이들은 부담과 위험을 짊어집니다.

인간의 사회적 실존을 두고 이루어지는 존재론과 성서 종교의 관계는 암묵적으로 '에로스와 아가페'라는 이름으로 논의되고 있습니다. 아가페(사랑을 가리키는 성서 용어)와 에로스

(사랑을 가리키는 플라톤의 용어)를 대조하기만 한다면 성서 종교와 존재론은 긍정적인 관계를 맺을 수 없을 것입니다. 하지만 이러한 대조는 아가페와 에로스의 의미 모두를 왜곡하고 있습니다. 실제로 신약성서는 에로스라는 말을 쓰지 않습니다. 당시 에로스는 플라톤이 이야기한 에로스와는 반대되는 의미, 성적 의미만을 담고 있었기 때문입니다. 신약성서는 하느님의 영, 혹은 로고스에 참여하는 것은 곧 사랑과 진리를 갖고 있음을 의미한다고 명시적으로, 암묵적으로 가르칩니다. 하느님을 향한 열망은 '사랑 그 자체인 하느님'을 향한 열망일 뿐 아니라 '진리 그 자체인 하느님'을 향한 열망이기도 합니다. 사랑 그 자체인 하느님을 향한 열망을 아가페라고 한다면, 진리 그 자체인 하느님을 향한 열망은 에로스라 할 수 있을 것입니다. 그리고 이것이 (이를테면 플라톤의『향연』Symposium에서 나타나는) 에로스의 참된 의미입니다.* 에로스는 영혼이 현실의 모든 수준을 통과해 궁극적 실재, 진리

---

* 다음을 참조하라. "'에로스가 어떤 것을 원하고 사랑한다면 자신이 원하고 사랑하는 것을 소유하고 있어서인가, 아니면 소유하고 있지 않아서인가?' '아마도 소유하고 있지 않아서겠지요.'라고 아가톤이 대답했네. 그러자 소크라테스 선생님께서 말씀하셨다. '살펴보게. 아마도'가 아니라 '반드시' 원하는 주체는 자기에게 결여된 것을 원하고, 결여되지 않으면 원하지 않을 걸세. 아가톤, 아무튼 나는 반드시 그럴 것이라고 확신하네. 자네는 어떻게 생각하나?'" 플라톤,『향연』, 200a~b.

자체, 선 자체에 이르도록 해줍니다. 고대 후기 사람들은 궁극적 실재 탐구와 사랑의 일치를 세 가지 의미(지식, 성적 관계, 신비로운 연합)를 지닌 '그노시스'γνῶσις라는 말로 표현했습니다. 그리고 그리스도교는 아가페라는 말로 사랑에 대한 고대인들의 관념에 결정적인 요소를 더했습니다. 그러나 궁극적 실재를 앎으로써 궁극적 실재와 연합하려는 열망을 부인한 것은 아닙니다. 아가페는 가장 낮은 곳으로 내려와 소외된 인간을 용서하고 그 인간이 가장 높은 곳과 다시 연합을 이루게 합니다. 아가페는 가장 높은 곳을 향한 인간의 열망과 모순을 일으키지 않습니다. 앎을 향한 에로스는 그 열망의 일부입니다.

VIII

성서 종교의 객관적인 측면에 포함되어 있는 존재론적 문제들

1. 신적 현현들 그리고 궁극적 실재 탐구

앞서 저는 하느님의 자기 현현과 관련된 세 가지 상징들 (창조, 그리스도, 종말)을 제시하면서 이를 몇몇 존재론 개념들과 비교했습니다. 이들의 대립 또한 극복 불가능해 보였지요. 하지만 그러한 대립은 필연이 아닙니다. 이제부터는 각각의 상징이 존재론적 해석을 요구하는 동시에 이미 그러한 해석을 받아들이고 있음을 제시하겠습니다.

성서 종교가 이야기하는 '말씀에 따른 무로부터의 창조'는 창조주 하느님의 절대적인 독립성, 피조물의 절대적 의존성, 둘 사이의 무한한 간극을 가리킵니다. 그리고 몇몇 지점에서 즉각적으로 존재론적 물음이 발생합니다. 먼저 묻게 되는 질문은 하느님의 자기 현현의 원리인 영원한 로고스는 세계가 전개되는 과정과 어떠한 관계를 맺고 있느냐는 것입니다. 고전적인 그리스도교는 이에 세계의 본질들, 혹은 잠 재성들이 하느님의 '정신'mind에 영원히 존재한다고 답했지 요. 우리는 이 답을 받아들이거나 아니면 다른 답으로 대체해야 합니다. 어떠한 경우든 모든 답은 필연적으로 존재론적입니다.

고전적인 그리스도교 신학은 세계가 창조된 '무'nothing가 그리스어 '메 온'μὴ ὄν(상대적인 무), 즉 창조 활동에 저항하기도 하고 받아들이기도 하는 물질이 아니라고 올바르게 주장했습니다.* 그러나 이렇게 이원론을 거부하면 또 다른 물음들이 발생합니다. '그렇다면 '무'는 무엇을 뜻합니까? 무는 하느님과 어떠한 관계를 맺고 있습니까? 무로부터의 창조는

---

* 틸리히는 무를 상대적인 무'μὴ ὄν와 절대적인 무'οὐκ ὄν로 구분하면서, 창조를 나타내는 정식 '무로부터의 창조'creatio ex nihilo를 다음과 같이 설명한다. 무를 상대적 무로 규정할 경우 이는 창조는 형상과 질료를 구분하는 그리스적 교설의 반복이 될 것이며, 절대적 무로 규정할 경우 무는 피조물의 기원이 될 수 없을 것이다. 하지만 이 정식은 실존의 비극적 특징이 존재의 창조적 근원에 뿌리를 두고 있다는 사실, 피조물에는 비존재라는 요소가 있다는 사실을 표현해준다는 점에서 의의가 있다. 폴 틸리히, 『폴 틸리히 조직신학 1』, 409~411 참조.

하느님이 비존재를 전제하는 생명을 품고 있다는 뜻인가요? 그렇다면 일종의 상징으로서 하느님은 자신에게 속한 비존재를 영원히 정복한다고 말할 수 있을까요?' 이러한 물음들에 어떠한 답을 제시하든 그 답은 존재론적일 것입니다.

하느님의 창조와 하느님의 보존이 어떠한 관계를 맺고 있는지를 묻고 아우구스티누스처럼 보존은 만물 가운데 이루어지는 하느님의 영속적인 창조라고 답한다면 이는 이미 '존재의 근거'라는 존재론적 은유를 암묵적으로 쓰고 있는 것입니다. 그리고 누군가 하느님이 세계 안에 계실 뿐 아니라 위에도 계시다는 공간적인 은유에 의문을 품는다면 그는 존재론적인 물음을 물은 것입니다. 또한, 누군가 하느님과 세계의 관계는 공간적인 은유가 아닌 창조적 자유로 표현해야 한다고 이야기한다면 그는 존재론적 답을 제시한 것입니다. 자유라는 말이 존재론의 언어이기 때문이지요. 하느님과의 본질적인 연합을 거부하고 행동할 수 있는 피조물의 자유로 인해 하느님은 세계를 초월하게 됩니다.

이러한 자유의 존재론은 필연성의 존재론과는 달리 실존에서 죄라는 특징을 제거하지 않습니다. 그러나 동시에 자유의 존재론은 자유와 양극적 관계를 이루는 운명이라는 개념을 활용해 타락의 보편성을 진술합니다.

그리스도론과 관련해서도 물음은 발생합니다. 보편적인 로고스와 그리스도로서 예수라는 인격의 삶에 현존하는 로고스, 이 둘 사이에는 필연적으로 갈등이 일어나지 않습니까? 초대 교회 이후 대부분의 시기, 교회는 갈등이 불가피하다고 생각하지 않았습니다. 로고스 즉 하느님의 자기 현현은 실존하는 만물에 능동적으로 현존합니다. 만물은 로고스를 통해 만들어지기 때문입니다. 그러나 하느님의 궁극적인 자기 현현만이 루터가 "하느님의 심장"이라고 부른 것, 인간을 위한 하느님, 하느님의 중심에 있는 영원한 신성과 인성을 보여줍니다. 보편적 로고스, 어떤 인격체의 삶이 머금고 있는 힘이었던 로고스, 이 둘은 하나의 동일한 로고스입니다. 오직 보편적 로고스를 배경으로 할 때만 성육신한 로고스는 의미 있는 개념이 됩니다. 성서 종교는 요한복음서 서두에 나오는 근본 주장에 담긴 존재론적 함의를 보여주었습니다. 존재론은 그리스도론과 관련된 물음들(보편적 로고스가 실존에, 무조건적으로 현현하는 장소에 관한 물음, 보편적 로고스가 구체적인 형태로 나타나는 장소에 관한 물음)을 받아들일 수 있습니다. 모든 철학에는 출생지의 흔적이 있습니다. 모든 철학에는 구체적이고 실존적인 뿌리가 있습니다.

그리스도로서 예수가 로고스를 눈으로 볼 수 있게 된 구체적인 장소라고 말한다면 이는 신앙의 주장입니다.* 이 주장은 그리스도를 자신의 궁극적 관심의 현현으로 받아들인 사람만 할 수 있습니다. 하지만 그렇다고 해서 이 주장이 궁극적 실재 탐구와 모순되거나 궁극적 실재 탐구에서 낯선 주장은 아닙니다. '예수 그리스도'라는 이름은 존재론을 내포하고 있습니다.

존재론의 범주와 관련이 있는 하느님의 세 번째 현현은 종말을 향해 나아가는 역사, 즉 성서 종교에 있는 역사적-종말론적 요소입니다. 이와 관련된 물음의 첫 번째 대답은 특정 존재론(이를테면 시간의 과정에 대한 순환론적 해석)만이 역사에서 새로움이 일어날 가능성을 배제한다는 것입니다. 시간을 일종의 원으로 본다면 새로움은 없겠지요. 이때 모든 일은 반복될 뿐입니다. 기계론이라는 결정론 역시 마찬가지입니다. 이러한 결정론에 따르면 사물의 기존 상태는 필연적인 결과를 산출하며 그렇기에 원칙적으로 이후 모든 상태는 계산 가능합니다. 하지만 이러한 존재론들은 존재론을 대표하지 않습니다. 아우구스티누스나 둔스 스코투스Duns Scotus 같

---

* 틸리히는 그리스도로서의 예수에서 나타난 로고스는 추상적-개체적 로고스가 아니라 보편적-구체적 로고스라고 말하며, 이러한 로고스를 근거로 하기 때문에 그리스도교 신학이 유일한 신학the theology가 된다고 말한다. 폴 틸리히, 『폴 틸리히 조직신학 1』, 41~42.

은 이들의 사상에 뿌리를 두고 있는 생명의 철학Philosophy of Life, 과정 철학은 현실이 미래에 열려 있음을 강조하며 우발적인 사건, 새로운 사건, 유일무이한 사건, 비가역적인 사건을 위한 자리를 만들었습니다. 한편, '역사'와 같은 그리스 단어를 통해 성서를 해석하는 신학자 역시 심오한 존재론적 물음에서 벗어날 수 없습니다. '역사는 자연과 어떠한 관계를 맺고 있습니까? 모든 역사는 세계의 작은 부분들, 성서 종교가 다루는 역사적 사건들과 어떠한 관계를 맺고 있습니까? 온 우주에서 일어나는 사건들과 인간이 참여하는 사건들은 어떠한 관계를 맺고 있습니까?'

다른 문제도 있습니다. 좀 더 어려운 문제기도 하지요. 이에 관한 물음은 성서 종교의 역사적-종말론적 관점이 내포하고 있는 존재론적 대답을 요구합니다. 바로 종말의 의미, 시간과 영원의 관계에 관한 물음이지요. 영원을 죽음 이후에도 삶이 이어지는 것과 동일시하는 것은 존재론적 진술이기는 하나 영원을 끝없는 시간과 혼동한 궁색한 진술입니다. 영원을 단순히 시간에 대한 부정으로 보는 것은 영원을 무시간과 혼동한 나쁜 존재론적 진술입니다. 하지만 제3의 존재론적 답이 있습니다. 시간을 초월하면서도 동시에 시간을 포함하는 것으로 영원을 이해하는 것이지요. 이 답은 시간과 영원의 의미를 공정하게 다룹니다. 시간은 유한한 일시성의 법칙에 종속되지 않습니다. 영원이 시간에 현존하는 가운데 과거와 미래는 부정되지 않으면서도 연합합니다. 그러므로 역사는 영원 안에서 자신의 종말을 향해 나아가고, 영원은 매 순간에 참여해 그 순간들을 심판하고 영원으로 끌어올립니다. 이런 진술은 반쯤은 상징의 옷을 걸친 존재론적 진술입니다. 어떤 신학자도 이런 진술들에서 벗어날 수 없습니다. "죽음 이후의 삶"과 같은 표현에도 (매우 의심스러운) 존재론이 담겨 있습니다. 이러한 원시-신화의 언어를 쓰면서 그 안에 존재론이 담겨 있음을 알지 못한다면, 그들은 자신을 기만하고 있는 셈입니다.

2. 신-인 관계 그리고 궁극적 실재 탐구

성서 종교에서 하느님은 인간에게 말을 건넵니다. 문자 그대로의 뜻을 이야기한다면 '말'은 입 밖으로 나온 소리, 혹은 기록된 기호, 관습에서 해당 말과 연결된 의미를 가리킵니다. 하지만 성서의 하느님은 이런 식으로 말하거나 듣지 않습니다. 하느님의 말, 즉 말씀은 하느님의 영이 인간의 영 안에서, 인간의 영을 통해 창조한 사건입니다. 말씀은 추동하는 힘인 동시에 무한한 의미입니다. 말씀은 두 존재자의 대화가 아니라 창조주 하느님의 자기 현현입니다.* 그러므로 말씀은 하느님의 여러 면모 중 하나입니다. 말씀은 자신에게 자신을 드러낸 하느님입니다. 말씀은 살아있는 하느님의 표현입니다. 말씀은 존재 자체가 지닌 힘 중 한 요소입니다. 삼위일체론적 사유는 언제나 이를 알고 있었습니다.** 말씀은 분명 종교의 상징이지만, 그럼에도 불구하고 존재론적 의미

---

* 다음을 참조하라. "성서에서 고백하는 '육신이 된 말씀'에서 말씀은 인간이 말하는 말이 아니다. 말씀으로 번역되는 로고스는 인간이 대화할 때 사용하는 말이 아니라, "하느님의 자기-계시(자기-현현)의 원리"다. 그러므로 로고스는 말씀으로 번역될 수도 있겠지만, 그리스도교 변증론자들의 사유를 따르자면 '이성', '현실의 의미 구조'라고 이해하는 것이 적당할 것이다. 그런데 그리스도교는 이 원리가 유일회적으로 예수 그리스도에게서 나타났다고 고백한다. 이 고백은 현실에 대한 사변에서 출발하여 도달되는 고백이 아니라, 구원의 체험에서 출발하여 도달하게 되는 고백이다." 폴 틸리히, 『그리스도교 사상사』(대한기독교서회, 2005), 78~83.

** 틸리히에게 삼위일체는 어떻게 셋이 하나가 되고 하나가 셋이 되는지를 설명하는 이론이 아니라, 인간이 경험한 하느님을 표현하는 상징이다. 다시 말해서, 삼위일체는 인간과 관계하는 하느님을 살아있는 하느님으로 표현하는 상징으로서, 하느님의 궁극성과 인간에게 계시된 구체성을 연합하는 방식이다. 따라서 삼위일체론에는 하느님 자체라는 '심연'abyss, 구체적으로 인간에게 계시되기 위한 현현의 원리인 로고스logos, 그리고 심연과 로고스를 연합하는 '영'spirit, 이 세 가지 요소가 필요하다. 살아있는 하느님에 대한 이런 삼위일체적 사고는 각 종교 경험들에서 보편적으로 나타나는데, 그리스도교는 보편적 로고스가 예수라는 구체적인 역사적 인물로 나타났다고 고백한다. 폴 틸리히, 『폴 틸리히 조직신학 1』, 370~372.

를 내포하고 있습니다. 이 때문에 로고스, 즉 말씀을 통한 창조와 구원 교리는 가능할 뿐 아니라 필연적인 것이 됩니다. 말씀의 신학theology of the Word을 대화의 신학theology of talk으로 혼동하지 않게 됩니다. 말씀은 궁극적 실재 안에 있는 한 요소입니다. 말씀은 존재의 힘이며 다양한 형식(자연과 역사, 상징, 성사, 침묵, 입 밖으로 나오는 말)으로 표현됩니다. 말씀은 '입 밖으로 나오는 말'에 얽매이지 않습니다. 말의 본성은 존재론만큼이나 오래된 문제이며 하느님의 말씀은 종교만큼이나 오래된 상징입니다. 말의 본성을 전혀 알지 못한다면, 로고스 존재론이 없다면 신학은 하느님이 말씀하시는 사건, 하느님의 말씀을 해석할 수 없습니다. 그러나 신학이 존재론을 통해 말의 본성을 파악한다면 신학은 하느님과 함께 있는 로고스, 말씀의 본성에 대해 의미 있는 가르침을 전할 수 있을 것입니다.

성서 종교와 존재론 사이에서 일어나는 가장 첨예한 갈등은 신-인 관계와 관련된 상호성과 참여의 갈등입니다. 존재론은 하느님과 인간의 살아있는 상호의존성을 제거하는 것처럼 보입니다. 이렇게 되면 기도, 특히 간구 기도란 아무런 의미가 없겠지요. 이 긴장은 성서 종교 안에서도 일어나고 있습니다. 한편으로 성서는 모든 사건(악, 죄, 죽음 등)에 어떠한 제약도 받지 않고 하느님이 활동하심을 강조합니다. 한편으로는 선과 악을 두고 인간이 분명한 책임을 지고 있다고 이야기하기도 하지요. 또한 하느님이 모든 것을 결정하신다는 이야기는 종종 성서 종교의 인격주의조차 파괴하는 것처럼 보입니다. 아우구스티누스, 아퀴나스, 루터, 칼뱅은 이 이야기를 매우 정교하게 표현했지요. 그러나 이들, 그리고 성서 기자들은 하느님이 활동하고 계심을 강조하기는 했으나 신-인 상호성을 결코 파괴하지 않았습니다. 이는 오직 자유와 운명이라는 실존의 양극을 통해서만, 존재의 수준들을 구별할 때만, 즉 모든 양극을 초월하는 존재의 근거와 양극에 종속된 유한한 존재자를 구별할 때만 이해할 수 있습니다.

하느님이 모든 것을 결정하신다는 사상은 간구하는 기도를 의미 없게 만들지 않습니다. 간구 기도만큼 하느님과 인간의 상호성을 보여주는 분명한 표현은 없습니다. 하느님이 기도를 들든 거절하든 어떤 측면에서 기도가 하느님의 뜻을 변화시킬 수 있다는 전제가 없다면 간구 기도는 무의미할 것입니다. 그런데 초기 그리스도교 신학자들(그들이 드린 기도는 그리스도교 예배의 기초를 이룹니다)은 모든 이교도에 맞서 하느님의 불변성을 강조했습니다. 그들의 신학에서 가장 중요한 대상은 하느님, 부동의 동자, 초월적 일자였습니다. 그들의 신학은 철저히 존재론과 관련되어 있었지만, 그러면서도 하느님과 그들의 관계는 철저하게 상호적이었습니다. 그들의 삶은 간구 기도를 포함한 기도로 가득 차 있었습니다. 이는 가능한 일이었고 지금도 가능합니다. 모든 진지한 기도는 하느님의 뜻에 순종하는 일을 포함하고 있기 때문입니다. 그들은 자신들의 말이 궁극적으로 적합하지 않음을 알고 있었습니다. 문자 그대로의 의미만 본다면 기도는 인간 자신의 뜻에 따라 하느님의 뜻을 움직이려 하는 시도입니다. 그러나 참된 기도 가운데 우리가 하느님께 기도하기도 하지만 하느님이 우리를 통해 기도하기도 합니다. 올바른 기도를 빚어내는 것은 하느님의 영이기 때문입니다.* 바로 이 지점에서 주

---

* 틸리히는 로마인들에게 보낸 편지 8:26~27을 본문으로 삼아 '기도의 역설'이라는 제목의 설교를 했다. 그 설교에서 틸리히는 인간이 자신이 기도해야 할 바를 알지 못하는 존재임에도 불구하고, 어떻게 기도가 가능할 수 있는지에 대해 설명한다. 인간은 창조하고 활동하는 주체인 하느님을 대상으로 삼아서 말한다. 그래서 인간적인 기도는 불가능하다. 하지만 바울은 기도가 가능할 수 있는 해답을 제시한다. "우리가 하느님께 기도할 때, 바로 하느님 자신이 우리를 통해 기도하신다. 이것이 영이 의미하는 바다. 영은 뒤엎고shaking, 영감을 주며 inspiring, 변화시키는transforming 힘을 가진 채 "하느님이 현존하신다"라는 말의 다른 표현이다. ... 우리는 가장 집중적이고 빈번한 기도를 통해서도 하느님과 인간 사이의 틈을 메울 수 없다. 오직 하느님만이 당신과 우리 사이의 틈을 메우실 수 있다." Paul Tillich, 'The Paradox of Prayer', *The New Being* (New York: Charles Scribner's Sons, 1955), 137. 『새로운 존재』(뉴라이프)

체인 우리가 하느님을 대상으로 만들어버리는 존재의 구조는 무한히 초월됩니다. 하느님은 신-인 관계 안에 서 있지만, 동시에 이를 초월하는 이로, 상호관계의 양쪽을 이루는 이로 서 있습니다. 하느님은 반응합니다. 그러나 하느님은 인간의 유한한 자유를 통해 이루어지는 자신의 활동에 반응합니다. 하느님은 결코 단순한 대상이 될 수 없습니다. 이러한 면에서 신-인 상호성에 관한 상징들은 한계를 갖고 있습니다. 그리고 이로 인해 우리는 존재론적 물음을 물을 수밖에 없습니다.

3. 존재론과 성서 종교에 나타나는 존재의 근거인 하느님

이 책에서 저는 성서 종교와 궁극적 실재 탐구의 만남을 하느님에 관한 교리부터 시작했습니다. 성서의 인격주의와 존재론의 궁극적 일치를 보여주기 위해서는 다시금 하느님에 관한 교리로 돌아가야 합니다. 신론은 모든 신학적 사고의 처음이자 마지막입니다. 성서와 교회의 하느님 관념에는 존재론적 물음을 물을 수밖에 없게 하는 요소가 있습니다. 바로 "하느님이 존재한다"는 주장입니다. 물론 모든 이가 하느님과 연결된 "존재한다"는 말의 의미를 묻지는 않습니다. 성서 기자들을 포함한 대다수 사람은 일상적인 의미로 이 말을 씁니다. 즉 무언가를 경험할 수 있다면 그것은 "존재합니다". 전체 현실에서 만날 수 있는 것은 실재합니다. 신 존재와 비존재에 관한 보다 복잡한 토론을 할 때도 사람들은 종종 이런 일상적인 의미를 담아 '존재'한다는 말을 쓰곤 합니다. 그러나 하느님을 전체 현실 안에서 발견할 수 있다고 하면, 기본적이고 지배적인 개념은 '전체 현실'이 되어버립니다. 이는 하느님을 현실의 구조에 묶어두는 것입니다. 그리스 종교에서 숙명fate은 제우스 위에 있으면서 제우스와 그의 결단을 결정합니다. 신이 자신의 숙명을 만들어내는 양극과 범주들에 종속되는 것이지요. 이는 성서의 인격주의가 안고 있는 위험이기도 합니다. 이 위험과 벌이는 싸움은 성서에서 이미 시작되었고 교회의 모든 시기에 이어졌습니다. 존재 자체인 하느님, 모든 존재자의 근거이자 심연인 하느님은 특정 존재자로서의 하느님을 초월합니다. 인격성 그 자체인 하느님, 모든 인격의 근거이자 심연인 하느님은 특정 인격으로서의 하느님을 초월합니다. 이러한 진술을 통해 종교는 존재론과 연결됩니다. 존재론적 물음을 묻는 철학이 없었다면 그리스도교 신학은 '하느님이 존재한다'는 말의 의미를 알고자하는 이들에게 하느님이 지닌 존재의 본성을 해석해주지 못했을 것입니다. 평범한 사람들은 철학 이전의 용어로, 지적인 사람들은 철학 용어로 존재론적 물음을 제기합니다.

이는 존재와 인격이 서로 모순되는 개념이 아님을 뜻합니다. 존재는 인격적 존재를 포함합니다. 존재는 인격적 존재를 부정하지 않습니다. 존재의 근거는 인격적 존재의 부정이 아니라 인격적 존재의 근거입니다. 존재에 대한 존재론의 물음은 갈등을 조장하는 것이 아니라 성서에 등장하는 인격적인 하느님이라는 개념을 다루기 위해 필요한 기초를 만듭니다. 우리가 성서에 바탕을 둔 상징들의 의미에 대해 생각하기 시작하는 순간 이미 우리는 존재론적 물음을 물었습니다.

이는 인격을 지닌 하느님과 우리의 만남에는 인격적인 모든 것의 근거이면서도 인격적인 것들의 방식으로 인격을 지니고 있지는 않은 하느님과의 만남이 포함되어 있음을 뜻합니다. 위대한 종교들은 종교 체험을 할 때, 즉 하느님과 인간이 만났을 때 일어나는 인격적 요소와 비인격적 요소의 긴장을 깊이 있게 묘사합니다. 신약뿐만 아니라 구약 역시 하느님의 현존에 대해 이야기할 때 놀라운 통찰력을 보여줍니다. 둘 모두 하느님과 인간이 맺는 관계가 '나-너' 관계라는 특징을 지니고 있음을 보여주면서도 하느님의 초인격적인 힘과 신비를 가리지 않습니다(또한, 하느님의 초인격적인 힘과 신비를 보여주면서도 그러한 하느님과 인간이 맺는 관계가 '나-너' 관계임을 가리지 않습니다). 하느님이 허락하지 않고서는 참새가 땅에 떨어지지 않을 것이며 우리의 머리카락까지도 다 세어 놓고 계신다는 예수의 말씀은 그 대표적인 예입니다.* 이 말씀은 원시적 인격주의를 초월합니다. 철학을 매우 못 미더워했던 루터가 하느님은 모든 피조물보다 더 그들에게 가까이 있는 분이라고 말했을 때, 또는 하느님은 모래 알갱이에도 온전히 현존하시지만, 만물 전체로도 담을 수 없는 분이라고 말했을 때, 또는 하느님은 살인자가 살인을 저지른 뒤 칼을 칼집에 넣을 때 그 팔에도 힘을 주신다고 이야기했을 때 그는 성서 종교를 정확히 대변한 것입니다. 때로 성서의 인격주의에 대해 아무런 반성도 하지 않았지만, 저 말들을 할 때 루터는 성서의 인격주의를 초월하며 만물 안에 있는 존재의 힘인 하느님을 존재론적으로 긍정하고 있습니다.

존재론과 성서 종교의 상관관계는 결코 종결될 수 없는 과제입니다. 특정 존재론을 성서 종교의 이름으로 받아들일 필요는 없습니다. 플라톤, 아리스토텔레스, 쿠자누스Nicolaus Cusanus, 스피노자, 칸트, 헤겔, 노자, 화이트헤드 등 누가 제

---

* "참새 두 마리가 한 냥에 팔리지 않느냐? 그러나 그 가운데서 하나라도 너희 아버지께서 허락하지 않으시면, 땅에 떨어지지 않을 것이다. 아버지께서는 너희의 머리카락까지도 다 세어 놓고 계신다." (마태 10:29~30)

시한 존재론이든 꼭 받아들여야 할 필요는 없습니다. 존재론은 우리를 구원할 수 없습니다. 하지만 구원에 대한 물음은 존재론적 물음을 품고 있습니다. 존재론적 물음을 묻는 것은 우리에게 필수적인 일입니다. 파스칼Blaise Pascal에 반대하며 저는 말합니다. 아브라함의 하느님, 이삭의 하느님, 그리고 야곱의 하느님과 철학자의 하느님은 같은 하느님입니다.* 그 하느님은 인격이면서 인격인 자신에 대한 부정입니다.

신앙은 자신에 대한 믿음과 자신에 대한 의심 둘로 이루어져 있습니다. 그리스도는 예수이면서 예수를 부정합니다. 성서 종교는 존재론을 부정하면서 동시에 이를 긍정합니다. 이러한 긴장 가운데 고요하게, 동시에 용기 있게 사는 것, 그리하여 끝내 자기 영혼 깊은 곳에서, 신성한 삶 깊은 곳에서 성서 종교와 존재론의 궁극적 일치를 발견하는 것, 이것이 인간 사유의 과제입니다. 그리고 이것이 바로 인간 사유의 위엄입니다.

---

* 블레즈 파스칼이 죽은 이후, 그의 옷 안에서 쪽지가 발견되었는데, 그 쪽지에는 "철학자와 신학자의 신 아닌, '아브라함의 하느님, 이삭의 하느님, 야곱의 하느님'"이라는 구절이 있었고, 이런 말이 덧붙여 있었다. "예수 그리스도의 하느님 … 오직 복음서에서 가르친 길에 의해서만 발견된다. … 그는 오직 복음서에 의해서 가르친 길에 의해서만 보존된다." 한스 큉, 『신은 존재하는가 I』(분도출판사, 2001), 93 참조.

폴 틸리히의 생애와 사상

스베인 올라프 토르비욘센

신학자 폴 틸리히(1886~1965)가 중요한 이유는 어떤 영구적인 가치를 지닌 열매를 빚어내서라기보다는, 자신의 시대에 적합한 신학을 펼쳐냈기 때문이다. 그는 자신의 신학을 통해 당시 사람들의 문제와 복음 사이에 다리를 놓았다. 그리고 이를 통해 사람들은 삶의 의미 문제에 대한 답을 찾았다. 그는 삶의 의미에 관한 물음은 종교적 차원을 통해 가장 심원한 깊이를 갖게 된다는 특별한 확신 아래 다리를 놓았다. 틸리히에 따르면, 삶의 가장 깊은 차원은 종교적 차원이다.

그리스도교 메시지와 동시대의 문제들, 둘 모두를 의식하며 연결하는 것이야말로 틸리히 신학에서 절대적인 비중을 차지한다. 이러한 방식으로 그는 칼 바르트의 신학과 자유주의 신학에 대한 대안을 제시했다. 틸리히에 따르면 바르트는 인간의 상황을 고려하지 않았고 자유주의 신학은 인간의 상황만을 고려했다. 그리고 그는 두 전통을 통합하려 했다. 이 이원성은 틸리히 사유의 특징이다. 그는 언제나 경계선에서 움직였다. 두 시대(관념론에 바탕을 둔 조화의 시대, 두 번의 세계대전 사이의 혼란의 시대), 이론과 실천, 신학과 철학, 교회와 사회, 종교와 문화, 개신교와 사회주의의 경계선에서 말이다.

틸리히는 미국에서 영향력 있는 신학자로 자리매김했다. 1960년대에 그는 미국에서 가장 유명한 지식인이었다. 당시 미국인들은 그를 20세기 가장 영향력 있는 신학자로 여겼다. 그의 영향력은 신학 분야를 넘어 확대되었다. 현실 일반과 인간의 근본적인 물음에서 출발하는 틸리히의 신학적 접근은 예술과 건축, 사회학과 심리학, 더 나아가 미국 정치와 문화 전체에서 그를 중요한 인물로 만들었다.

틸리히는 영향력 있는 인물이었지만 논쟁적인 인물이기도 했다. 특히 그의 신학 용어 사용은 논란을 낳았다. 현실 일반에서 출발하는 그의 신학 방법론은 일반적인 것과 내재적인 것이 신학의 핵심을 수용 불가능한 수준까지 결정하도록 허용했다는 비판을 받았다.

생애

틸리히는 1886년 독일 동부에서 개신교 정통주의 목사의 아들로 태어났다. 1900년부터 그는 베를린, 튀빙겐, 할레에서 철학을 공부했다. 할레에서 마르틴 켈러Martin Kähler*와의 만남, 특히 켈러의 '신앙에 의한 칭의' 이해는 틸리히의 신학적 관심과 접근에 커다란 영향을 미쳤다. 틸리히에 따르면 받을 자격이 없는 이에게 주어지는 은총은 의심하는 이와 불신자까지를 끌어안는다. 하느님은 그들에게도 현존하신다. 의심과 불신은 인간에게 근본적인 것이다. 훗날 틸리히는 바로 이 해석 덕분에 계속 신학자로 활동할 수 있었다고

---

* 마르틴 켈러(1835~1912)는 독일의 개신교 신학자이자 성서학자로 19세기 독일 '성서학파'die biblische Schule를 대표하는 학자로 꼽힌다. 하이델베르크, 튀빙겐과 할레에서 신학을 공부했으며 할레 대학교에서 오랫동안 신학을 가르쳤다. 예수 당시의 역사적 정황을 재구성함으로써 그의 실제 모습을 복원할 수 있다는 '역사적 예수'를 강하게 비판했으며, 역사적 예수 연구의 결과인 예수에 대한 역사적 사실과 예수에 대한 초기 그리스도교의 역사적 해석, 즉 '신앙의 그리스도'가 분리된 것을 극복하고자 하였다. 저작으로 『오늘날 교리에 관한 질문들』Dogmatische Zeitfragen, 『성서를 두고 일어나는 다툼들』Unser Streit um die Bibel, 『이른바 역사적 예수와 역사 해석과 성서에 따른 그리스도』Der sogenannte historische Jesus und der geschichtliche, biblische Christus 등이 있다.

말했다.

1910년 틸리히는 브레슬라우에서 철학박사학위doctorate in philosophy를, 1912년 할레에서 목회학석사학위를 받았는데, 모두 철학자 셸링Friedrich Schelling에 관한 연구로 논문을 썼다. 틸리히는 리츨Albrecht Ritschl에게서(궁극적으로 칸트Immanuel Kant 에게서) 유래한 자연과 도덕의 이분법을 수용하지 않았고, 셸링의 자연철학에 담긴 통전적인 사유를 더 좋아했다. 베를린에 있는 한 지역 교회의 목사로 2년간(1912~1914) 활동한 이후, 틸리히는 군목이 되었다. 제1차 세계대전 동안 그가 했던 군목 활동은 그때까지 가지고 있었던 관념론적인 현실이해를 완전히 무너뜨렸다. 이후 그는 종교사회주의자로 정치활동을 시작했다.

제1차 세계대전 동안 그는 초자연주의 개념에 관한 교수자격심사논문professional dissertation을 썼다. 그는 1919년부터 1924년까지 베를린에서 가르쳤으며, 1924~1925년에는 마르부르크에서 조직신학 교수로 재직했는데, 그곳에서 하이데거Martin Heidegger로 대표되는 실존주의 철학의 영향을 받았다. 하이데거의 사유 방식과 틸리히의 상관관계 방법은 관련이 있다. 하지만 그는 마찬가지로 마르부르크 동료였던 루돌프 불트만Rudolf Bultmann에 대해서는 그다지 높게 평가하지 않았다. 1925년부터 1929년까지 그는 드레스덴에서 종교학 교수professor of science of religion로, 라이프치히에서 명예직 신학 교수honorary professor of theology로 활동했다. 1929년 그는 프랑크푸르트 암 마인에서 막스 셸러Max Scheler*를 이어 철학 교수가 되었으며 그곳에서 유명세를 얻었다. 그는 학문의 경계를 넘나들었으며 정치 문제들을 포함한 당대의 긴급한 사회 문제들을 두고 토론했다. 그는 사회민주당the Social Democratic Party에서 열심히 활동했으며 1933년『사회주의자의 결단』Die sozialistische Entscheidung이라는 소책자를 출판했다. 이 책자는 몰수되었고, 틸리히는 국가사회주의 정부에 의해 교수직을 박탈당한 첫 번째 비유대인 학자가 되었다.

제1차 세계대전 이후 독일 학계에서 활동하면서, 틸리히

---

* 막스 셸러(1874~1928)은 독일의 철학자다. 독일 남부 뮌헨에서 태어나 뮌헨 대학교와 베를린 대학교, 에나 대학교에서 의학·천문학·사회학을 공부했으며, 1902년 에나 대학교 강사 시절에 후설Edmund Husserl을 만나 현상학 방법론에 관해 연구했다. 그 뒤 쾰른 대학교와 프랑크푸르트 대학교 등에서 교수를 지냈다. 셸러는 사회학·철학·종교 등 다방면에 걸쳐 학문적 관심을 보이는데, 특히 현상학 방법론에 의한 '실질적 가치윤리학'의 정립과 '철학적 인간학'의 창시자로 널리 알려져 있으며 카를 만하임Karl Mannheim과 더불어 '지식사회학'의 창시자로도 알려져 있다. 대표 저서로는 『윤리학에 있어서 형식주의와 실질적 가치윤리학』Der Formalismus in der Ethik und die materiale Wertethik과 『동감의 본질과 형태들』Wesen und Formen der Sympathie(아카넷), 『지식의 형태와 사회』Die Wissensformen und die Gesellschaft(한길사) 등이 있다.

는 종교사회주의와 과학철학, 문화 신학, 다양한 교의학 문제들에 관심을 가졌다. 그는 폭넓은 분야에 관심을 기울였고 무용, 예술, 기술, 종교사회학에도 관심을 보였다. 이를 통해 그는 전통적인 신학의 범주들을 실험할 수 있었다. "우리로 하여금 궁극적으로 관심을 가지게 하는 것"(후에 그는 이를 간결하게 "궁극적 관심"이라고 표현했다)이라는 하느님 이해는 이때부터 출발했다고 볼 수 있다. 당시 그의 문화신학은 신학적 내용과 정치적 내용을 모두 갖고 있었다. 즉 그의 신학은 정치적으로는 인간에 대한, 그리고 경제 정의에 대한 관심과 연결되어 있었으며 신학적으로는 신율적 문화theonomous culture라는 관념(이 문화에서 영원한 것은 시간에 속해 있기에 인간은 인간적인 것을 통해 신적인 것을 경험할 수 있다)과 연결되어 있었다.

1933년 독일의 험난한 상황으로 인해 틸리히는 미국으로 떠났다. 그는 뉴욕에 있는 유니온 신학교의 '철학적 신학' 교수가 되었다. 종교철학과 조직신학을 포괄하는 교수직이었다. 이로써 그는 자신이 가장 좋아하는 영역, 신학과 철학의 경계지대에서 학문 활동을 이어갈 수 있게 되었다. 1955년 유니온 신학교에서 은퇴한 후 틸리히는 미국에서 가장 명망 있는(그리고 자유로운) 하버드 대학교 특별교수가 되었다.

하버드 대학교와 이외 다른 곳에서 했던 강연들은 엄청난 인기를 끌었고 급기야는 일종의 개인 숭배 분위기가 일기도 했다. 1962년 하버드 대학교 교수직을 내려놓고, 그는 마지막 생애를 시카고 대학교 신학부의 교수로 보냈다. 그리고 1965년 세상을 떠났다.

틸리히는 미국 대학교에서 30년 이상의 시간을 보냈고 다양한 분야에서 활동했다. 신학, 철학의 문제들뿐만 아니라 문학, 미학, 설교, 사회문제 등에도 관심을 기울였다. 하지만 미국에서 정치에 대한 관심은 그리 크지 않았다. 제2차 세계대전 이후 세계가 분열되자 틸리히는 환상에서 벗어났다. 그는 민주주의적이면서도 종교적인 사회주의의 가능성이 낮아졌음을 인정했다.

신학 저작들

틸리히는 자신의 기획을 이어가는 가운데 다양한 분야를 아우르는 학문 저술들을 남겼다. 그는 신학이 폭넓은 범위를 지니고 있다고, 신학적 대답은 사람들이 묻는 물음들과 상응하거나 그 물음과 서로 관련이 있다고 보았다. 물음과 대답이라는 양극성은 틸리히의 모든 사고에서 가장 근본적인 관계다. 그리고 신학과 철학은 물음의 측면과 대답의 측면 모두와 관련이 있다. 그렇게 틸리히의 사상에서 신학과 철학은 완전히 통합되어 있다. 사람들의 물음과 신학이 언제나 상관 관계를 이루기를 바랐기에 그는 자신의 사유 방식을 바꿔야 했다. 이는 그가 지속적으로 관심을 기울인 것이 내용이라기 보다는 방법론임을, 그가 끊임없이 당대의 지적 변화, 문화 의 변화에 발맞추어 작업하고자 했음을 의미한다.

그럼에도 불구하고 그의 대다수 저작과 논문에서 반복해 나타나는 주제들과 개념들이 있다. 틸리히는 이를 통해 현 실 일반과 계시의 관계를 파악하려 했다. 그는 이 개념들을 맥락과 시기에 따라 다양한 어조를 담아 다양한 형태로 표 현했기에 그의 사유를 기술하는 데 불변하는 개념을 쓰는 것은 적절치 않다. 틸리히가 쓴 개념들의 발전은 틸리히 자 신의 발전, 그리고 그가 개념들을 활용했던 시대의 발전을 보여준다. 그가 반복해서 사용했던 대표적인 개념은 신율 theonomy이다.

틸리히는 이 개념을 1919년에 진행한 강의 '문화신학이 라는 관념에 관하여'Über die Idee einer Theologie der Kultur에서 처 음 썼다. 여기서 신율은 인류 역사, 인간의 지적 삶에 존재하 는 무조건적인 것의 표현을 뜻한다. 그렇기에 신율은 완전 히 다른 지적 깊이를 지닌, 새롭게 통합된 문화의 가능성을 머금고 있으며 기존 질서를 위협한다. 이때 신율적인 것the theonomous과 자율적인 것the autonomous은 서로 대립하지 않는 다. 자율적인 것의 반대 개념은 타율적인 것the heteronomous으로 외부에서 인간에게 강요하는 것이다. 당시 틸리히는 신율에 기반을 둔 통합된 문화는 정치라는 측면에서 사회주의라는 틀로 실현된다고 보았다.

하지만 1922년에 쓴 글「카이로스」Kairos를 보면 낙관주의가 희미해진다. 이때 즈음 틸리히는 현실 내부에서 변화가 일어날 수 있을 것이라고 믿지 않았다. 1920년대를 거치면서 사회주의 색채를 지닌 낙관주의는 점점 약해졌다. 중요한 결과를 가져온 소책자『사회주의자의 결단』에서 그는 신율 개념을 완전히 포기했다. 미국으로 간 뒤에도 틸리히는 신율적 문화가 역사에서 실제로 일어날 수 있다고 보지 않았다. 하지만 역설적이게도, 그는 과거와는 다른 방식으로 신율 개념을 발전시켰다. 그러한 와중에 신율과 자율의 거리는 멀어졌다. 이제 자율은 물음과 관련이 있고 신율은 대답과 관련이 있다. 하지만 대답으로서 신율은 더는 우리가 경험하는 현실과 연결되지 않는다. 이제 신율은 그리스도와 연결된 종말론적 희망의 상징이다.

한편 틸리히는 특정 상황에 대해서도 가끔 글을 썼다. 그는 그 순간과 관련된 물음을 찾아내 물음-대답의 방법론을 유지하면서 이를 철학적, 신학적으로 연구했다. 그만큼 그는 자신이 살아가던 시대의 흐름에 수용적이었다.

다른 한편, 그의 저술들에는 방법론의 측면이든 내용의 측면이든 조직적인 요소가 있다. 틸리히는 끊임없이 새로운 무언가를 향해, 새로운 조직들을 향해 쉼 없이 나아가는 영혼이었다. 이는 그의 학문 활동의 기반이었던 조직이 오직 상대적인 지위만을 가지고 있었고 언제나 열려 있음을 뜻한다. 1925년 틸리히가 마르부르크에서 했던 교의학 강의는 그의 신학 전체와 조직의 방향이 어디인지를 가장 분명하게 보여준다.

여기서 그는 조직신학을 변증학, 교의학, 윤리학으로 나눈다. 이때 (거의 바르트가 쓴 것과 같은 의미의) 교의학은 신학이 지닌 규범적 성격, 고백적 성격을 보증하는 기능을 맡는다. 틸리히는 교의학을 다룬 이 강연을 "최종적인" 신학 조직(훗날 그는 이를 세 권의 『조직신학』 Systematic Theology으로 표현한다)의 중요한 전제로 간주했다. 하지만 『조직신학』 제1권에서 그는 "교의학"이 유효한 신학 개념이 아니라고 말했다. 이제는 이 개념을 사람들이 불신하고 있기 때문이다.

틸리히의 『조직신학』은 특별한 목표를 수행하기 위한 특별한 구성을 가지고 있다. 그 목표란 역사적 실재로서 그리스도교와 현대 문화를 연결하는 것이다. 그는 오늘날 문화적 상황이 그리스도교 신앙을 필요로 함을, 그리고 오늘날 문화적 상황이 신앙과 관련해 기여할 바가 있음을 보여주려 했다. 신학과 문화의 상관관계는 사람들의 대화에서 묻고 답하는 것의 상관관계와 유사하다. 종교 전통들은 인간이 자신이 처한 상황에 근거해 묻는 근본적인 물음들에 답한다. 이러한 전통들에서 물음들은 종교적 상징으로 표현된다. 총 5부로 이루어진 『조직신학』의 구성방식은 바로 이 물음-대답 구조를 반영한다. 각 부에서 그리스도교의 핵심 상징은 문화를 통해 인간이 묻는 근본적인 물음에 대한 답과 연결되어 있다.

제1부는 로고스라는 상징(하느님의 로고스는 우리의 궁극적 관심을 드러낸다)과 문화적 회의주의의 상관관계를 보여준다. 제2부는 창조주라는 상징(창조주로서 하느님은 현존하며 활동한다)과 인간의 자기 유한성 이해, 파괴와 죽음을 바라보는 관점의 상관관계를 보여준다. 제3부는 그리스도로서의 예수라는 상징(새로운 실존의 힘으로서 그리스도, 그는 실존에서 일어나는 소외를 치유하는 길을 연 자다)과 인간의 소외 감정의 상관관계를 보여준다. 제4부는 영이라는 상징(우리의 잠재성을 현실화하는 힘,

실존 속에 있는 무조건적이고 살아있는 힘)과 삶의 모호성, 진실성 결핍의 상관관계를 보여준다. 제5부는 하느님의 나라라는 상징(삶의 잠재성을 온전히 실현하는 것으로 역사에서 이루어지는 무언가로 볼 수도 있고 역사 너머에서 이루어지는 무언가로 볼 수도 있다)과 역사의 의미에 대한 물음의 상관관계를 보여준다.

틸리히가 남긴 또 다른 주요 저작들은 세 권으로 이루어진 그의 설교집이다. 특히 널리 알려진 책은 『흔들리는 터전』The Shaking of the Foundations이다. 이 책은 미국에서 틸리히가 명성을 떨치게 만들어 주었다. 사람들은 이 설교집을 읽고 그의 조직신학을 고대했다. 종교철학에 관한 대중적인 저작인 『존재의 용기』Courage to Be(1952)도 마찬가지였다.

몇 가지 핵심 주제들

신개신교 전통the Neo-Protestant tradition*처럼, 틸리히도 변증이라는 목표를 가지고 있었다. 그는 그리스도교의 진리와 타당성을 입증하고자 했다. 신개신교주의가 변증을 위해서 관념론적 기초를 가지고 있었던 반면, 틸리히는 두 가지 방식으로, 즉, 형식적으로는 자신의 상관관계 방법을 통해서, 그

---

* 알브레히트 리츨, 아돌프 폰 하르낙으로 대표되는 이른바 '자유주의 신학'을 뜻한다.

리고 실질적으로는 자신의 존재론을 통해 변증 활동의 기초를 닦았다.

존재론

틸리히에게 존재론은 철학과 사실상 같은 말이었다. 철학의 대상은 실재다. 그리고 존재론에는 인간과 실재의 만남이 이루어지는 가운데 인간이 마주하게 되는 존재의 구조를 분석하는 일이 포함된다. 존재론처럼 철학 또한 다음과 같은 물음을 던진다. 무언가 '존재한다'는 말은 무엇을 의미하는가? 존재 자체(존재하는 모든 '것'과는 다르며, 이들을 넘어서 있는 존재)는 무엇인가? 존재하는 모든 것의 구조적 특징은 무엇인가? 이러한 방식으로 이해한 철학적 물음은 곧 실존의 구조에 관한 물음이기도 하다.

틸리히에 따르면, 이러한 물음들은 인간에게도 적용된다. 우리가 우리 자신을 향해 이런 깊이 있는 물음을 묻는다면 두려움과 절망이 일어날 것이다. 인간은 자신이 자신의 본질, 혹은 참된 존재로부터 소외되어 있음을 깨닫는다. 그는 존재 자체로부터, 실존의 근거(본질)로부터 소외되어 있기 때문이다. 본질essence과 실존existence을 구별하는 것은 틸리히에게 매우 중요하다. 본질은 무언가가 지닌 잠재성, 실현되지 않은 그 무언가의 완벽함이다. 본질은 존재론적으로 중요하지만, 현실 세계에서는 그렇지 않다. 실존은 현실 세계에서 무언가의 모습이며 본질로부터 '타락'한 것이다. 그것은 한편으로는 완벽한 자신과 단절되어 있으면서도, 한편으로는 자신의 완벽함에 의존한다. 이것이 바로 소외다. 참된 인간은 '완벽하고 순수하며 잠재적인 상태'로는 실존할 수 없다. 현실 세계에서 인간은 자신의 자유를 활용해 실제로 실존한다("밖으로-나와 있다"ex-ist). 이 실존은 양가성을 지니고 있다. 한편, 이 실존은 유한하고 참되지 않은 존재에 닻을 내리고 있으며 다른 한편으로는 그러한 비존재에서 계속 멀어지고 있다. 비존재의 위협, 죽음의 위협은 현실이다. 그리고 이 위협으로 인해 인간은 살아갈 용기, 자신의 실존을 확신할 수 있는 용기를 주는 것을 어디서 찾을 수 있는지 묻는다. 틸리히에 따르면, 이는 오직 한 곳에서만 찾을 수 있다. 인간의 저 물음에 대한 대답은 바로 존재의 근거인 하느님이다. 하느님은 통합하고 연합하는 기능을 수행하기 때문이다. 이러한 방식으로 철학의 물음들은 비존재에 관한 성찰들과 연결된다. 이로써 비존재가 일으키는 위협을 극복하는 존재의 힘이 현실화된다. 유한한 인간과 관련하여 말하자면, 바로 여기에 비실존non-existence이나 무의 위협을 넘어 더 나아갈 수 있는 길이 있다. 따라서 존재에 관한 존재론적 물음은 존재의 근거 물음을 촉발한다. 또한, 하느님이 존재의 근거라는 신학의 대답은 존재론적 물음의 관점으로 보지 않으면 이해할 수 없다.

이렇게 신학과 철학, 특히 실존주의 철학은 긴밀한 관계를 맺고 있다. 틸리히에 따르면 이러한 철학이 있다는 것은 신학에 좋은 일이다. 신학은 실존주의가 제기하는 물음에 답할 수 있는 좋은 전제들을 가지고 있기 때문이다. 이러한 맥락에서 존재론은 신학과 철학을 연결하는 다리, 둘이 공통으로 관심을 기울이는 지역이라 할 수 있다.

상관관계의 방법

틸리히의 기본 방법론이자 선구적인 방법론인 상관관계의 방법에서 철학과 신학, 철학이 제시하는 물음과 신학이 제시하는 대답은 완벽하게 통합된다. 앞서 간단하게나마 이러한 통합이 어떻게 이루어지는지를 살펴본 바 있다. 틸리히는 이 방법을 통해 신학이 그리스도교의 본래 메시지를 진지하게 받아들이게 될 것이라고, 동시에 이를 현대라는 상황 가운데 적절하게 표현할 수 있게 될 것이라고 확신했다. 상관관계 방법론은 세 가지 신학 방법론들('초자연주의' 방법론, 자연주의 혹은 인문주의 방법론, 이원론적 방법론)에 대한 대안이다. '초자연주의' 방법론은 받아들이는 이의 상황을 충분히 고려하지 않는다. 즉, 이 방법은 인간이 묻지 않은 물음에 대한 답을 제시한다. 자연주의, 혹은 인문주의 방법론의 문제는 인간의 상황에 머물러서, 이 상황에 기초해 신학이 제시하는 답을 만들어 내려 한다는 데 있다. 그렇지만 이는 인간이 소외되어 있다는 사실을 정당하지 다루지 않는 이상주의적 견해일 뿐이다. 이원론적 방법은 저 두 방법론 사이에 있다. 이원론적 방법은 초자연주의 방법론과 자연주의 방법론을 결합한다. 이 자연신학은 물음이라는 형식에서 답을 끌어내려 한다.

자신의 실존에 대해 물음을 묻는 것은 인간의 본질적인 측면이다. 이와 관련된 물음들은 일반적인 물음들이 아니라 무언가를 찾는 실존적 탐구를 표현하는 물음들이다. 틸리히에 따르면 이 물음은 인간의 일부다. 입 밖으로 이 물음을 꺼내지 않더라도 인간은 이미 이 물음을 묻는다. 인간은 이 물음을 묻지 않을 수 없다. '존재한다'는 것은 그 자체로 인간 실존에 관한 물음, 인간의 삶 깊은 곳에서 일어나는 물음이다. 모든 개인은 이 물음과 연결되어 있다. 이 물음은 우리로 하여금 무조건적인 관심을 기울이게 하는 것(우리의 '궁극적 관심')으로 우리를 인도한다. 우리로 하여금 무조건적인 관심을 기울이게 하는 것은 영원하고 절대적인 무언가다. 이 무언가는 우리와 관계를 맺고 있다. 그 무언가로 인해 우리는 우리를 비존재로 넘어가는, 유한하고 제약이 있는 인간으로 보게 된다. 이러한 의미에서 자신의 실존에 대한 인간의 물음은 종교적인 물음이다. 삶의 모든 영역(종교, 세계관, 예술, 문학, 과학)에서 인간은 자신으로 하여금 무조건적으로 관심을 기울이게 하는 것을 찾는다. 그 모두는 결국 같은 주제, 즉 유한자와 무한자의 관계, 인간의 실존과 절대적 존재의 관계를 표현한다.

이러한 물음에 대한 답은 물음 자체에 있지 않고 외부에서 온다. 인간이 그 자체로 물음이듯 하느님은 그 자체로 대답이다. 이 답은 인간적인 모든 것으로부터 완전히 벗어나 있다. 신학이 제시하는 답은 계시에서 나와야 하지만, 인간의 실존적 물음과 상관관계를 이루는 형식을 지니고 있어야 한다. 그러한 측면에서 그리스도교 메시지에는 인간의 모든 상황에 들어있는 물음에 대한 대답이라는 특징이 있다.

물음과 대답은 서로에게 의존하고 있기도 하고, 서로 독립되어 있기도 하다. 둘의 관계는 변증법적이다. 둘의 관계에서 독립성은 주로 내용과 연관이 있으며 의존성은 주로 형식과 관련이 있다. 물음과 대답은 대답이 물음에서 답을 끌어낼 수 없다는 점에서 서로 독립적이다. 답은 외부에서 와야만 한다. 마찬가지로 실존적 물음도 대답에서 끌어낼 수 없다. 둘의 상호의존성은 대답이 물음이 지닌 형식적 구조를 채택한다는 사실과 연관이 있다. 물음이 형성된 상황에서 대답이나 메시지가 기능하려면 반드시 그래야 한다. 물음과 대답의 관계도 이와 유사하다. 다시 말해, 물음은 대답에 있는 요소를 이미 포함하고 있다. 그러한 면에서 실존적 물음과 신학적 대답의 관계는 타원이라는 은유로 표현할 수 있다. 둘 모두 종교라는 틀 안에 있으며 둘 모두 '궁극적 관심'을 지향한다. 하지만 둘이 동일하지는 않다. 대답하는 자인 하느님, 묻는 자인 인간, 이 둘의 관계를 우리는 이렇게 말할 수 있다. 하느님은 인간의 물음에 대답하며 인간은 이 대답의 영향을 받아 물음을 제기한다.

틸리히는 이 상관관계라는 생각에서 그의 조직신학을 도출했다. 이 방법론 및 그 결과물은 우리가 인간 상황에 대한 분석에서 출발해야 함을 알려준다. 실존적 물음들은 이 분석에서 나오며 그리스도교 메시지에서 유래한 자료들의 도움을 받아 답을 얻는다. 신학의 과제는 그리스도교 메시지에서 발견되는 상징들이 이 물음들에 대한 적절한 답임을 보여주는 것이다. 상관관계 방법은 철학과 신학의 협력을 전제한다.

상징 이론

틸리히는 자신의 상징 이론theory of symbols을 통해 신학적 대답에서 상징들이 어떠한 기능을 하는지 상세히 설명했다. 그가 보기에 계시와 메시지에 관한 모든 지식은 상징이라는 특징을 갖고 있다.

상징은 상징이 가리키는 것에 참여한다. 이를테면 한 나라의 국기는 그 나라를 가리키며 그 나라의 힘에 참여한다. 종교적 상징도 무언가를 표현하면서 그 무언가에 참여한다. 종교적 상징을 통해 우리는 잠정적 실재 너머에 있는 궁극적 실재, 결코 온전히는 파악할 수 없는 실재로 도약한다. 이러한 상징 이해는 종교의 맥락에서 필수적이다. 신적인 것은 잠정적 실재를 초월하지만, 초월적-신적인 것의 계시는 내재적인 것, 즉 잠정적 실재를 통해서만 이루어지기 때문이다. 그런 이유로 신적인 계시의 근본 구조는 상징적이다. 상징은 상징이 가리키는 실재에 참여하며, 상징이 가리키는 실재를 표현한다. 종교가 상징 언어로 이루어졌다는 것은 종교를 평가절하하는 말이 아니다. 상징, 상징 언어라는 옷을 입은 신학적 대답은 초월적-신적인 것을 표현하며 우리가 무조건적인 실재에 접근할 수 있게 해준다. 상징 언어만 무조건적인 것과 초월적인 것을 표현할 수 있다.

그러므로 하느님에 관한 담론은 하나의 예외만 제외하고 모두 상징적이다. 그 예외는 하느님을 존재 자체, 혹은 존재의 근거라고 말하는 것이다. 이 말은 무언가 너머를 가리키는 명제가 아니다. 이 말은 참이다. 하느님에 관한 다른 모든 담론은 상징적이며 궁극적인 것과 잠정적인 것, 무한자와 유한자라는 존재의 유비analogia entis 위에 세워진다. 그러므로 하느님에 대한 앎은 변증법적이다. 한편 초월적인 하느님을 묘사하기 위해 활용할 수 있는 유한한 것은 존재하지 않는다. 하지만 동시에 우리가 알고 있는 모든 유한한 것은 하느님과 관련이 있다. 하느님은 존재의 근거이기 때문이다. 이는 실존 분석, 유한자에 대한 분석이 종교적 상징 이해의 열쇠임을 뜻한다. 틸리히의 상관관계 방법이라는 기초 위에서 우리는 말할 수 있다. 상징의 타당성은 개별 상징과 인간의 상황이 맺는 관계에 달려 있다고 말이다.

신론

이는 틸리히의 신론에 어떤 영향을 미치는가? 틸리히에

따르면 하느님은 존재의 근거 혹은 존재 자체에 대한 종교의 표현이다. 하지만 이는 문제를 낳는다. 하느님이 실존한다고 말할 수 있을까? 틸리히는 '그럴 수 없다'고 믿었다. 하느님은 존재 자체이기 때문에 실존과 본질 너머에 있다. 틸리히의 출발점을 실제로 받아들인다면 하느님이 실존한다고 말하는 것은 실제로는 하느님을 부인하는 것이다. 어떤 면에서 하느님은 유한한 인간의 물음에 대한 대답, 무언가 실존하기 위한 필수적인 차원(존재 자체)으로서의 대답이다. 이렇게 보면 하느님은 실존하거나 존재하는 무언가가 될 수 없다. 우리가 생각할 수 있는 최상의 것일 수도 없다. 그럴 경우 하느님은 실존의 일부, 유한한 존재가 되어 소외될 것이기 때문이다. 하느님은 실존하는 것의 근거, 존재의 힘, 비존재에 맞서는 힘으로서 실존하는 것 배후에, 혹은 아래에 있다. 하느님이 유한한 존재라면 하느님은 "궁극적 관심"이 될 수 없으며 유한한 존재와 관련된 물음들에 대한 대답이 될 수도 없을 것이다. 그렇다면 하느님은 하느님이 아닌 다른 것이 된다. 이러한 위험을 피하기 위해 틸리히는 '하느님 위의 하느님'God above God이라는 표현을 만들었다. 즉, 존재 자체로서의 하느님은 유한한, 실존하는 하느님보다 더 상위에 있다. 유한한, 실존하는 하느님은 하느님을 하나의 인격이나 존재자로 여기는 전통적인 그리스도교 유신론에서 볼 수 있는 하느님이다. 하지만 하느님의 초월성에 대한 이러한 강조는 하느님의 내재성 관념과 균형을 이룬다. 이때 하느님은 존재의 근거이기 때문에 유한한 모든 것은 하느님과 관계를 맺는다. 하느님과 세계는 서로에게 참여한다. 존재의 근거는 존재를 위한 구조적 전제를 제공하기 때문이다. 이로 인해 우리는 일종의 역설처럼 들리는 말(하느님은 세계에 내재하며, 세계는 하느님에 내재한다)을 이해할 수 있게 된다. 이러한 논의를 두고 비평가들은 물었다. '이는 범신론이 아닌가? 그리고 여기서 틸리히가 말하는 하느님과 인간은 어떻게 인격적인 관계를 맺을 수 있는가?'

그리스도론

틸리히의 그리스도론은 인간 실존에서 발생하는 물음들, 실존 분석을 통해 명확해지는 물음들에 대한 대답이다. 이 실존 분석에서 타락은 중요한 역할을 담당한다. 타락은 본질에서 실존으로의 보편적 이행이며, 인간이 하느님으로부터 소외된 상태, 따라서 인간의 본질로부터 소외된 상태의 표현이다. 인간에게 내재한 물음은 소외를 무너뜨리고 인간이 인간의 본질과 다시 연합할 수 있게 하는 새로운 존재에 관한 물음이다. 그리스도는 바로 이 물음에 대한 대답이다. 그리스도라는 상징은 실존에 참여하면서도 동시에 본질과 실존의 분열을 극복하는 새로운 존재에 대한 상징이다. 틸리히가 보기에는 예수와 그리스도 사이의 연결이 필연적이지는 않다. 물론, 새로운 존재로서의 그리스도는 나자렛 예수에게서 나타났다. 하지만 원칙상 그리스도는 다른 사람이 될수도 있다. 그렇기에 틸리히가 제시하는 그리스도론의 핵심범주는 '그리스도로서의 예수'Jesus as Christ다. 예수가 새로운존재인 그리스도와 맺는 관계를 통해서만 예수는 의미가 있다. 그리스도교가 전하는 그리스도론의 핵심은 어떤 한 인격의 삶을 통해 새로운 존재가 옛 존재를 극복했다는 것이다. 예수의 역사적 측면은 이에 대한 보증으로 필요하지 않다. 예수에게 있는 특별한 요소는 한 인격에 있는 그의 신성과 인성이 아니다. 성육신은 실존적 범주들에 기초해 재해석해야 한다. 인성을 통해, 예수는 새로운 가능성(실존이라는 조건 가운데 인간이 본질화될 가능성)을 열었고 이를 입증했다. 그는 소외라는 조건 아래에서 살았지만 동시에 이 조건을 극복했다. 실존이라는 조건 아래 있는 이로서 예수는 하느님이 될 수 없다. 그는 '신적인 본성'을 갖고 있지 않았다. 틸리히가 허용할만한 최대치로 말하자면, 예수는 자기 안에 일종의 '본질적 신성'을 가지고 있다. 예수가 신성을 갖고 있었다고 말할 때 그 의미는 그가 본질적인 인간 본성을 실존에서 나타낸, (본질과 실존의) 분열 없이 현실화한 유일한 사람이었다는 뜻이다. 새로운 존재인 그리스도는 인간이 실존이라는 조건 아래에서 본질화되는 것을 가능하게 한다. 이러한 소외를 극복했기에 예수는 그리스도가 된다. 이를 위한 힘, 인간의 본질화를 위한 힘은 하느님에게서 오지만 하느님 자체는 아니다. 이러한 그리스도로서의 예수 이해는 예수에 대한 양자론, 그리스도에 대한 가현설적 이해, 전체적으로 네스토리우스적인 이해 같은 것을 내포하고 있다. 예수와 그리스도는 서로 분리되어 있다.

20세기 신학자로서의 틸리히

틸리히는 20세기의 신학자와 철학자로서 중요한 인물이다. 미국에서 그의 영향력은 거대했으며 그가 세상을 떠난 뒤에는 독일에서도 그의 사상에 관심을 기울였다. 틸리히는 여러 측면에서 독창적이고 대안적인 사상가였다. 그는 자신의 사유를 포괄하는 거대한 신학 조직을 만들었다. 하지만 그의 독창성은 그가 활동하던 당시 유럽에서 진행되고 있던 거대한 신학 논쟁에 전혀 관여하지 않았음을 뜻한다. 어떤 의미에서 그는 신학의 변방에 머물러 있었다. 독창적인 전략과 조직적 사유에도 불구하고 그를 중심으로 한 학파는 형성되지 않았다. 그의 신학과 철학은 전문적 신학자, 철학자들의 세계와는 떨어져 있는 대중과 지식인들에게 호소력을 발휘했다. 당대 지적 분위기 혹은 흐름에 불편함을 느끼거나 소외감을 느끼던 이들은 틸리히에게 도움을 받았다. 이와 관련해 그는 미국의 심리학과 그 연계 학문들, 목회적 사유와 실천에 거대한 영향을 미쳤다.

문화와 정치에 신학을 개방함으로써 틸리히는 사람들로 하여금 신학이 사회에서 중요한 대화 상대임을 알 수 있게 해주었다. 신학의 배타성을 강조하는 분위기에서 그는 일종의 균형추 역할을 했다. 틸리히는 일반인들이 씨름하는 근본적인 물음들에 관심이 있었고 신학이 그 물음들에 대답하는 데 도움을 줄 수 있다고 믿었다. 틸리히 신학의 의의와 중요성에서 그가 제시한 답변의 내용은 그리 큰 비중을 차지하지 않는다. 그가 자기 세대의 근본적인 관심을 인식하고, 확인하고, 이에 응답했다는 점, 이러한 관심이야말로 틸리히의 신학이 중요한 이유다.

폴 틸리히 저서 목록

· **Die religiöse Lage der Gegenwart** (Berlin: Ullstein, 1926) 『현대의 종교적 상황』(전 망사)

· **Religiöse Verwirklichung** (Berlin: Furche-Verlag, 1929)

· **Protestantisches Prinzip und proletarische Situation** (Bonn: Friedrich Cohen, 1931)

· **Die sozialistische Entscheidung** (Potsdam: Alfred Protte Verlag, 1933)

· **The Interpretation of History** (New York: Charles Scribner's Sons, 1936)

· **The Shaking of the Foundations** (New York: Scribner's, 1948) 『흔들리는 터전』(뉴라 이프)

· **Systematic Theology** (총 3권, Chicago: University of Chicago Press, 1951(1권), 1957(2권), 1963(3권)) 『폴 틸리히 조직신학』(새물결플러스)

· **The Courage to Be** (New Haven: Yale University Press, 1954) 『존재의 용기』(예영커뮤 니케이션)

· **Love, Power and Justice: Ontological Analysis and Ethical Applications** (New York: Oxford University Press, 1954) 『사랑 힘 그리고 정의』(한들출판사)

· **Biblical Religion and the Search for Ultimate Reality** (Chicago: University of Chicago

Press, 1955) 『성서 종교와 궁극적 실재 탐구』(비아)

· **The New Being** (New York: Scribner's, 1955) 『새로운 존재』(뉴라이프)

· **Dynamics of Faith** (New York: Harper & Row, 1957) 『믿음의 역동성』(그루터기하우스)

· **The Protestant Era** (Chicago: University of Chicago Press, 1957) 『프로테스탄트 시대』(대한기독교서회)

· **Gesammelte Werke** (총 14권, Stuttgart: Evangelisches Verlagswerk, 1959–75)

· **Theology of Culture** (New York: Oxford University Press, 1959) 『문화의 신학』(IVP)

· **Morality and Beyond** (New York: Harper & Row, 1963)

· **The Eternal Now** (New York: Scribner's, 1963) 『영원한 지금』(뉴라이프)

· **Christianity and the Encounter of the World Religions** (New York: Columbia University Press, 1963) 『기독교와 세계 종교』(대한기독교서회)

· **Ultimate Concern: Tillich in Dialogue** (London: SCM Press, 1965) 『궁극적 관심』(대한기독교서회)

· **On The Boundary: An Autobiographical Sketch** (New York: Scribner's, 1966) 『경계선 위에서』(동연)

· **Future of Religions** (New York: Harper and Row, 1966)

· **My Search for Absolutes** (New York: Simon and Schuster, 1967) 『절대를 찾아서』(전망사)

· **Perspectives on Nineteenth and Twentieth Century Protestant Theology** (New York: Harper & Row, 1967) 『19–20세기 프로테스탄트 사상사』(대한기독교서회)

· **A History of Christian Thought** (New York: Harper & Row, 1968) 『파울 틸리히의 그리스도교 사상사』(대한기독교서회)

· **What Is Religion?** (New York: Harper & Row, 1969) 『종교란 무엇인가?』(전망사)

· **My Travel Diary, 1936: Between Two Worlds** (London: SCM Press, 1970)

· Ergänzungs: und Nachlassbände zu den Gesammelten Werken von Paul Tillich (총 11권, 1권~4권, Stuttgart: Evangelisches Verlagswerk, 1971-83, 7권~11권, Berlin: Walter de Gruyter, 1994-9)

· Political Expectation (New York: Harper & Row, 1971)

· Mysticism and Guilt-Consciousness in Schelling's Philosophical Development (Lewisburg: Bucknell University Press, 1974)

· The Construction of the History of Religion in Schelling's Positive Philosophy: Its Presuppositions and Principles (Lewisburg: London, 1974)

· Theology of Peace (Louisville: Westminster John Knox Press, 1990) 『평화신학』(한국장로교출판사)

· Against the Third Reich: Paul Tillich's Wartime Radio Broadcasts into Nazi Germany (Louisville: Westminster John Knox Press, 1998)

성서 종교와 궁극적 실재 탐구
- 종교와 철학의 관계

초판 발행 ｜ 2021년 9월 30일

지은이 ｜ 폴 틸리히
옮긴이 ｜ 남성민

발행처 ｜ 비아
발행인 ｜ 이길호
편집인 ｜ 김경문
편　집 ｜ 민경찬
검　토 ｜ 손승우 · 최병인 · 황윤하
제　작 ｜ 김진식 · 김진현 · 이난영
재　무 ｜ 이남구
마케팅 ｜ 유병준 · 김미성
디자인 ｜ 손승우

출판등록 ｜ 2020년 7월 14일 제2020-000187호
주　　소 ｜ 서울시 강남구 봉은사로 442 75th Avenue 빌딩 7층
주문전화 ｜ 010-3532-8060
이메일 ｜ innuender@gmail.com

ISBN ｜ 979-11-91239-43-0 (03230)
한국어판 저작권 ⓒ 2021 타임교육C&P